어쩌다 교사

어쩌다 교사

지은이 | 김성중
초판 발행 | 2022. 4. 13
10쇄 | 2024. 12. 24
등록번호 | 제1988-000080호
등록된 곳 | 서울특별시 용산구 서빙고로65길 38
발행처 | 사단법인 두란노서원
영업부 | 2078-3333   FAX | 080-749-3705
출판부 | 2078-3331

책값은 뒤표지에 있습니다.
ISBN 978-89-531-4190-2 03230

독자의 의견을 기다립니다.
tpress@duranno.com   www.duranno.com

두란노서원은 바울 사도가 3차 전도여행 때 에베소에서 성령 받은 제자들을 따로 세워 하나님의 말씀으로 양육
하던 장소입니다. 사도행전 19장 8-20절의 정신에 따라 첫째 목회자를 돕는 사역과 평신도를 훈련시키는 사역,
둘째 세계선교(TIM)와 문서선교(단행본·잡지) 사역, 셋째 예수문화 및 경배와 찬양 사역, 그리고 가정 ·상담 사역 등을
감당하고 있습니다. 1980년 12월 22일에 창립된 두란노서원은 주님 오실 때까지 이 사역들을 계속할 것입니다.

어쩌다

A Teacher Somehow

교사

교사가 버거운 이들을 위한 도움서

김성중 지음

두란노

추천사.

다음 세대에게는 본질을 지키는 건강한 어른들이 필요합니다. 김
성중 교수님은 신앙 교육의 본질을 추구하며 연구하는 학자이며, 동
시에 다음 세대를 품고 삶을 희생하는 목자입니다. 이 책은 교수님의
학문과 경험의 균형에서 맺어진 귀한 열매입니다. 본질을 소망하며
균형 잡힌 신앙 교육 방법의 열매를 제시하는 이 책을 통해 교사들과
부모들이 새로운 힘을 얻길 소망합니다.

이재훈 목사_ 온누리교회 담임

한국 교회 신앙 전수가 여러모로 어렵습니다. 그 원인을 헤아리려
면 열 손가락이 모자랍니다. 대한민국 출산율은 세계 최저 수준입니
다. 동네에서 뛰노는 아이들을 찾기가 어렵습니다. 모두 학원에 다니
느라 바쁩니다. 코로나19로 인해 아이들이 현장 예배에 나오지 않습
니다. 그럼에도 누군가는 희망의 끈을 놓지 않습니다. 이 책은 다음
세대를 섬기는 교사들의 꺼져 가는 영성과 열정에 다시금 불을 붙이
는 책입니다. 하나님의 부르심을 따라 헌신하는 모든 교사에게 일독
을 권합니다. 가물어 메마른 땅에 임하는 단비가 될 것입니다. 한국
교회 다음 세대 선생님들, 파이팅!

허요환 목사_ 안산제일교회 담임

2년 넘게 지속되어 온 코로나19 팬데믹으로 지금의 한국 교회 교
회학교는 최악의 위기 상황 앞에 놓여 있습니다. 익숙해진 온라인 예
배와 식어 버린 현장 예배로 교회마다 발만 동동 구르는 실정입니다.

어쩌다 교사

그렇다면 지금 한국 교회는 어떻게 해야 할까요? 저자는 교회학교가 살아나려면 교사가 살아나야 한다고 강조합니다. 맞는 말입니다. 교사가 살아날 때 교회학교는 반드시 살아나게 될 것입니다. 다음 세대 교회학교로 고심하던 때에 귀한 책이 출간되어 너무나도 기쁩니다. 이 책이 한국 교회에 널리 읽혀 교회학교가 다시 소생하기를 간절히 소망하며 적극 추천합니다.

곽승현 목사_ 거룩한빛광성교회 담임

코로나19로 인해서 교회학교가 거의 초토화된 것 같습니다. 성인들은 스스로 신앙 자립심이 있었는데, 우리 어린이들과 청소년들은 그럴 만한 수준이 되지 못했던 것입니다. 온라인 플랫폼부터 교회는 나름 최선을 다했지만 역부족이었다고 봅니다. 이때 필요한 것이 바로 교사를 다시 살리는 것입니다. 교사의 본질을 회복하며, 교회학교의 영혼을 세우는 데 헌신하는 것이 답입니다. 《어쩌다 교사》는 위기에 처한 교회학교를 다시 살리는 매뉴얼이 될 것이라고 확신합니다.

이정현 목사_ 청암교회 담임, 개신대학원대학교 겸임교수

코로나19로 인하여 더욱 심화된 교회학교의 위기는 오늘만이 아니라 미래 한국 교회를 위협합니다. 출석 학생 급감과 교사들의 열정과 전문성 부족으로 활력을 잃어 가는 교회학교를 살리기 위한 노력이 절실한 시점입니다. 이론과 현장, 신앙과 교육, 교회학교와 교회와 가정을 통전적으로 이어 줄 수 있는 것은 '사랑'입니다! 이제 그 사랑

을 아낌없이 나누는 김성중 교수님의 '지식과 총명'을 통해 위기의 교회학교와 교회 살림에 희망이 되는 우리가 되기를 소원합니다.

임성빈 교수_ 장로회신학대학교 교수, 전 총장

"하나님은 안 계시다"라는 거짓말을 들으며 생활할 수밖에 없는 우리 아이들에게 진짜 살아 계신 하나님을 보여 줄 수 있는 교회학교 교사는 이 시대에 가장 필요한 사역자가 아닐까요? 지미 카터(Jimmy Carter)는 대통령 재임 기간 중에도 주일에 교회학교 교사로 아이들을 가르쳤다고 합니다. 우리는 직업이 아니라 '소명'으로 하나님을 기쁘시게 해 드리는 이 시대 아이들의 '교사'입니다. 주님이 이 책을 통하여 교회학교 교사들을 위로하시고 용기를 불어넣어 주시기를 기도합니다.

오승환 이사장_ 더작은재단, 네이버 파운더

정신없이 돌아가는 세상 속에서 어디로 가야 할지 몰라 두려워하는 다음 세대에게 "예수님을 따라가면 돼"라고 말하기 위해 그들 곁에서 삶을 드리고 있는 교사들의 마음은 예수님의 사랑으로 가득합니다. 하지만 사랑하는 것만큼 큰 지혜와 인내와 노력이 필요한 일이 있을까요? 사랑은 본디 하나님의 영역으로, 사랑하는 마음이 크면 클수록 사람은 사랑에 서툴다는 사실을 확인할 뿐입니다. 그래서 주저앉아 포기하고 도망가고 싶은 교사들에게 저자는 예수님의 격려와 지혜로 가득한 '사랑의 매뉴얼'을 선물하고 있습니다.

이소윤 대표_ 스토리윤, 다큐멘터리스트

다양한 사역의 경험을 가진 기독교 교육학자인 김성중 교수님이

《어쩌다 교사》라는 책을 출간했습니다. 어려움에 처한 교회학교 교육이 코로나19 팬데믹을 지나면서 바닥을 치고 있다고 우리 모두가 걱정하고 있습니다. 이렇게 어려운 시기에 교회학교 교육을 살리기 위해서는 교사가 어떻게 준비되어야 하는지, 교회학교는 어떻게 운영되어야 하는지에 관하여 실천적인 내용을 정리한 좋은 책이 출간된 것은 참으로 감사한 일입니다. '아이들이 힘들고 어렵고 괴로울 때 가장 먼저 찾는 교사'가 되는 것을 목표로 하여 "열심히 아이들을 사랑하자!"는 저자의 호소가 한국 교회의 내일을 살리는 길이 되기를 기원하면서, 교회학교 교육을 걱정하는 모든 분에게 일독을 권합니다.

우창록 이사장_ 대한민국교육봉사단, 법무법인 율촌 명예회장

김성중 교수님의 《어쩌다 교사》는 교사를 살리는 안내서입니다. 팬데믹 이후에 교회학교 상황은 빠르게 변하고 있습니다. 세상이 빠르게 변할수록 교사는 변하지 않는 본질을 붙잡아야 합니다. 위기의 순간에는 매뉴얼대로 대처해야 합니다. 매뉴얼은 복잡하지 않고 명료하며 실천 가능해야 합니다. 교사로서 다시금 생명력 넘치는 사역을 회복하고 싶다면 이 책을 읽어보기를 강력히 추천합니다.

주경훈 목사_ 꿈이있는미래 소장, 오류교회 교육총괄

김성중 교수님과 교제하고 동역하며 나아가는 중에 점점 주님의 때가 다가옴을 영적으로 느끼게 됩니다. 그동안 영적 부모 된 교사들을 위한 도서들이 있었지만, 이 책에는 이 시대에 가장 필요한 강력한 메시지가 녹아 있습니다. 또한 하나님과 아이들에게 부끄럼이 없는 교사가 될 수 있기를 소망하는 마음으로 책상이 아닌 다음 세대 사역

의 현장에서 쓰인 글들이 가득합니다. 이 책을 읽으며 부디 한 명의 교사와 부모라도 살아나 또 한 명의 다음 세대를 살려 낼 수 있기를 소망하며 기쁘게 추천합니다.

임우현 목사_ 징검다리선교회, 번개탄TV 대표

우리는 단 한 번도 경험한 적이 없는 상황을 마주하고 있습니다. 여러 처방보다 정확한 진단이 우선입니다. 죽음에서 생명으로 다시 부흥을 열망하게 하는 것은 오직 주의 은혜만을 갈구하는 하나님의 사람들의 믿음입니다. 김성중 교수님의 책은 책상이 아닌 현장에서 써 내려간 것입니다. 어느 학자의 글과 다른 몰입은 저자의 땀과 헌신의 결과물입니다. 믿음으로 다음 세대를 살려 내기를 열망한다면 이 책을 읽어보기를 권합니다.

강은도 목사_ 더푸른교회 담임

코로나19 팬데믹 이후 한국 교회, 특히 교회학교는 치명타를 입고 휘청거렸지만, 아직 기회는 남아 있습니다. 이 기회가 닫히기 전에 '숙달된 조교'를 통하여 한국 교회 교회학교를 살리기 위해 노력해야 합니다. 이 책은 이론과 실제를 겸비한 한국 교회 교회학교 교사를 위한 유용한 매뉴얼입니다. 교회학교를 다시 살릴 교사와 사역자들에게 이 책을 강력하게 추천합니다.

김현철 목사_ 행복나눔교회 담임, 《메타버스 교회학교》 저자

심폐소생술은 응급 환자를 구하는 구급법의 핵심 처치법입니다. 1분 1초가 긴박한 환자의 혈액을 돌려 주는 것이 관건입니다. 이런 응급

의학 용어가 교회학교의 현실을 대체할 줄 누가 상상했을까요? '골든 아워' 정도가 아니라 '플래티늄 미닛'이라는 표현이 무색할 정도로 교회학교는 지금 응급 상황입니다. 이 책에는 교회학교에 심폐소생술을 시도하는 저자의 절박함이 담겨 있습니다. 이 땅의 교사들과 함께 다음 세대의 호흡과 맥박을 다시 찾고자 하는 저자의 간절함이 묻어 있습니다.

곽상학 목사_ 다음세움선교회 대표

교사들이 많이 아파하고 있는 이 시대에 김성중 교수님의 책을 통하여 교사들의 회복이 있으리라 믿습니다. 저자는 학문적 이론뿐만 아니라 적절한 사례, 구체적 상담, 그리고 질의응답 등 경험에 따른 해결책을 이 책에 풍성하게 담아냈습니다. 이에 교사들과 부모들 등 다음 세대에 소망을 품은 분들에게 실제로 큰 도움이 되는 책이라 사료되어 기쁨으로 추천합니다.

최관하 교사_ 영훈고등학교 국어,《울보 선생》저자

종종 주변에서 멋지게 쓰임 받는 분들과의 대화 가운데, 방황하던 시기에 좋은 교회 선생님을 만나서 인생이 바뀌었다는 이야기를 듣게 됩니다. 저 역시도 그랬습니다. 좋은 교사가 우리 아이들에게 있다는 것이 얼마나 큰 축복인지를 부모님들은 잘 알고 있습니다. 좋은 교사가 얼마나 필요한지를 교회는 잘 알고 있습니다. 하나님이 맡겨 주신 다음 세대에게 좋은 교사가 되고자 하는 분들이라면 꼭꼭 이 책을 읽어 보면 좋겠습니다.

강찬 목사_ CCM 가수, 예배인도자

CONTENTS

● Part 1. 어쩌다, 교사

: 나는 좋은 교사였을까?

● Part 2. 그럼에도, 교사

: 이왕이면 좋은 교사이고 싶다

● Part 3. 아무튼, 교사
: 아이들과 함께하는 시간이 즐거워진다

좋은 학교는 어떤 학교일까요? 좋은 학교를 구성하는 여러 가지 요소들이 있지만, 가장 중요한 요소는 바로 좋은 교사입니다. 좋은 교사가 많은 학교가 좋은 학교입니다. 좋은 교사가 많이 있는 학교에 아이들은 가고 싶어 합니다. 그럼 과연 교회학교는 어떠합니까? 교회도 '학교'라고 표현한다면 좋은 교회학교란 좋은 교사가 많은 곳일 것입니다.

저는 미국에서 교육학을 공부하면서 소위 명문 중고등학교로 알려진 학교들을 연구한 적이 있습니다. 그 학교의 교사들은 좋은 교사가 되기 위해 얼마나 부단히 노력하는지 모릅니다. 자신의 실력을 계속 향상하기 위해 스스로 열심히 공부하고, 동료 교사들과 모임을 만들어 전문적인 교육학 저서들을 가지고 함께 스터디하고, 교육 방법이나 상담 방법, 그리고 학급 운영 방법 등과 관련된 다양한 세미나에 참여하고, 야간에 대학원에 다니며 학위를 땁니다.

일반 학교의 교사들도 이렇게 노력하는데, 하물며 하나님이 세우신 교회학교 교사들은 천하보다 귀한 어린 영혼들에게 좋은 교사가 되기 위해 얼마나 더 많이 노력해야 하겠습니까. 물론 일반 학교에서 말하는 좋은 교사와 교회학교에서 말하는 좋은 교사의 정의는 다릅니다. 일반 학교에서 말하는 좋은 교사란 아이들의 학업 성취도를 높이는 교사입니다. 하지만 교회학교에서 말하는 좋은 교사는 아이들에게 하나님의 사랑을 잘 전달해 주고, 예수 그리스도의 복음을 전 인격적으로 받아들일 수 있게 도와주고, 예수 그리스도를 닮은 삶으로 나아갈 수 있도록 격려하며, 하나님 나라 구현을 위한 사명자로 살아갈 수 있도록 도전을 주는 교사입니다.

좋은 교회학교 교사가 되기 위해서는 어떻게 해야 할까요? 첫째, 깊은 영성을 갖추어야 합니다. 기도에 힘쓰고 예배의 감격 속에 살아야 합니다. 둘째, 가르침을 삶으로 보여 주어야 합니다. 뜨거운 열정이 변함없이 마음 중심에 있고, 성실함이 생활화되어 있으며, 아이들의 신앙의 모델, 인격의 모델, 비전과 사명의 모델로 살아야 합니다. 셋째, 관계 중심적이어야 합니다. 아이들과의 깊은 교제를 위해 상담의 기술과 마인드를 갖추고, 동료 교사 및 담당 교역자, 학부모와 신뢰 안에서 협력하기 위해 부단히 노력해야 합니다. 넷째, 교육의 전문성을 갖추어야 합니다. 아이들의 문화를 공감하고 이해하며, 공과 공부를 철저하게 준비하고, 아이들의 눈높이에 맞게 가르쳐야 합니다.

지금 교회학교는 위기를 넘어 생존을 이야기하고 있습니다. 교회학교는 코로나19 시기 이전에도 위기였고, 이제는 위기를 넘어 생존의 갈림길에 서 있습니다. 아이들은 교회를 떠나고 있고, 헌신해야 할 교사들은 힘을 잃어 교사의 자리에서 이탈하고 있습니다. 이뿐만이 아니라 교회학교 교육의 내적인 부분에서도 심각한 문제가 드러나고 있습니다. 교회를 다니는 아이의 삶이나 교회를 다니지 않는 아이의 삶이 별반 차이가 없어지고 있는 것입니다. 이것은 다른 말로 하면, 기독교 교육의 교육적 효과가 없다는 말이기 때문에 심각합니다.

교회학교의 위기 가운데 많은 교회가 "다음 세대를 살리자!", "교회학교를 세우자!" 등 표어를 만들어 외치고 있습니다. 하지만 실상은 교육부 사역에 중점을 두지 않고, 오히려 교회 재정이 어렵다는 이유로 교육부 예산을 대폭 감축하고 있습니다.

그러나 저는 교회학교에 희망이 있다고 확신합니다. 그 이유는 어린아이를 세우시고 "너희가 돌이켜 어린아이들과 같이 되지 아니하면 결단코 천국에 들어가지 못하리라"(마 18:3)라고 말씀하신 예수님이 한국 교회 교회학교의 주인이 되시기 때문입니다. 그리고 지금도 이름 없이, 빛도 없이 우리 어린 생명들을 위해 눈물로 씨를 뿌리며 헌신하는 참된 교사들이 있기 때문입니다.

저는 20년간 다양한 사역지에서 아동부 사역, 청소년부 사역, 청년부 사역, 장년부 사역, 노년부 사역, 군 사역, 선교 사역을 경험한 현장 교육과 사역의 전문가입니다. 그리고 현재는 신학교에서 기독교

어쩌다 교사

교육학을 가르치는 교수로 사역하고 있습니다. 저는 다양한 곳에서 헌신된 교사들을 만나면서 교회학교에 희망이 있다는 것을 진심으로 확인하고 또 확인했습니다.

교회학교 사역이 어려운 가운데서도 묵묵히 하나님이 맡겨 주신 귀한 교사의 자리를 지키고, 하나님 나라 구현과 예수 그리스도의 복음 전파를 위해 희생과 섬김, 헌신의 삶을 살아가고 있는 교사들을 진심으로 위로하고 격려하고 응원하고 싶습니다. 그리고 더 나아가 지금보다 더 하나님 앞에 바로 서고 아이들에게 부끄럼이 없는 교사가 될 수 있도록 본질과 기본기를 알려 드리고 싶습니다. 또한 새로 교회학교 교사가 된 분들에게는 좋은 교사가 될 수 있는 지침을 드리고 싶습니다. 그래서 부족하지만 제 사역적 경험과 학문적 경험을 종합한 노하우를 책으로 발간하게 되었습니다.

이 책이 교사들에게 희망과 위로와 응원과 도전의 메시지가 될 뿐 아니라 실제적인 교육의 처방전, 실천 매뉴얼이 되었으면 좋겠습니다. 선생님들, 힘내세요! 진심으로 응원합니다!

광나루 연구실에서
김성중 교수

Part 01.

어쩌다, 교사

나는 좋은 교사였을까?

1

스킬이 앞서
본질이 흐려졌다

○

지금 우리는 코로나19 시대를 살아가고 있습니다. 그로 말미암아 교회학교는 그야말로 위기 중의 위기를 경험하고 있습니다. 이전에도 한국 교회 교회학교는 내리막길을 걸어가고 있었으나, 이제는 생존을 걱정해야 하는 상황에 이르렀습니다.

현장 예배에 나오는 인원은 급감했으며, 온라인 예배도 초창기에는 활성화되는 듯 보였으나 현재는 온라인 피로도와 맞물려 온라인 예배에 대한 열정이 식어 가는 현상을 보이고 있습니다. 코로나19 이전에 매주 진행되었던 공과 교육은 현장 예배가 불가

능한 상황일 때 많은 교회가 진행하지 않았고, 현재는 현장과 온라인을 병행하면서 공과 교육을 진행하려고 하니 이도 저도 되지 않는 상황이 발생했습니다. 현장 성경학교 및 수련회는 문을 닫았고, 특별 행사와 프로그램들은 멈추거나 잠정 연기되었습니다.

코로나19가 계속되는 상황 가운데서 교회교육은 어떻게 해야 할지 몰라서 방황하고 있습니다. 교회학교 교사들은 정체성을 잃고 '이제 교사 그만두어야 하는 거 아니야?'라는 생각을 하고 있습니다. 이 기간 동안 실제로 많은 교사가 교육 현장을 이탈했습니다.

이러한 상황 가운데 그래도 소위 교회학교가 잘되거나 교회학교에 관심을 가지고 있는 교회들은 현 시대에 발 빠르게 대처하며 온라인 사역에 그 무게중심을 두고 에너지와 시간과 재정을 쏟고 있습니다. 담당 교역자와 교사들은 영상 촬영, 영상 편집 등을 배우고 있고, 온라인 사역의 노하우를 얻기 위해 다양한 세미나에 참석하고 있습니다. 최근에는 메타버스 시대를 맞이해서 교회학교에서 어떻게 메타버스를 활용할지에 대한 열풍이 불고 있습니다.

코로나19로 인해 교회학교 현장 사역이 힘들어지면서 교사가 자신의 정체성을 잃어버리거나 흔들리고, 무엇을 해야 할지 모르다가 교회학교 현장을 이탈하는 것은 심각한 문제입니다. 그러나 또한 생각해 보아야 할 점은 교사로서의 정체성을 정확하게 인지하지 못한 채 "어떻게 하면 영상을 잘 찍고 잘 편집할 수 있을까?", "어떻게 하면 우리 교회학교 유튜브 구독자 수와 조회 수를 늘릴 수 있을까?", "다양한 메타버스 플랫폼을 교회학교에 활용할 수 있는 방법은 무엇일까?"와 같이 온라인 사역에만 모든 에너지와 관심을 집중하는 것도 문제일 수 있다는 것입니다.

이렇게 말한다면 저는 온라인 사역을 부정적으로 보는 사람이라고 생각할 수 있을 듯합니다. 그렇지 않습니다. 저는 그 누구보다도 온라인 교육과 사역을 많이 연구하고 있고, 실제에 대한 노하우를 많이 가지고 있습니다. 최근에는 다양한 곳에서 메타버스 교육 강의도 많이 하고 있습니다.

시대적 상황과 아이들의 눈높이를 맞추기 위해서 온라인 사역에 대한 전문성을 갖는 것은 분명히 중요합니다. 그러나 교사로서의 본질을 인지하지 못한 상태에서, 교사로서의 기본기를 놓친 상태에서는 영혼을 사랑하는 참된 교사가 아닌 '교사 기술자'가 되기 쉽다는 우려를 이야기하는 것입니다. 이것은 마치 앙꼬 없는 찐빵, 팥 없는 붕어빵이 될 수 있습니다.

그리고 온라인 사역에만 집중한다면 상대적으로 연령대가 높은 교사들은 따라가기가 쉽지 않습니다. 연령대가 높은 교사들에게 다양한 SNS를 활용하고, 영상을 가지고 교육하고, 메타버스 플랫폼에 들어가서 프로그램에 참여하라는 요구는 너무나 힘든 일일 것입니다. 몇 번 시도하다가 잘되지 않으면

어쩌다 교사

아이들뿐만 아니라 젊은 교사들과도 문화적 격차를 느끼게 되고, '이제 교사를 그만두어야 하나 보다'라고 생각하기가 쉬울 것입니다.

교회학교 교사는 연령대가 다양해야 합니다. 왜냐하면 아이들에게는 선배, 이모와 삼촌, 아빠와 엄마, 할아버지와 할머니가 필요하듯이, 이와 같은 역할을 할 교사들 역시 필요하기 때문입니다. 지인들 중에도 은퇴할 나이를 훌쩍 넘었음에도 불구하고 여전히 교회학교 아이들을 사랑하고 그들을 위해 헌신적으로 사역을 잘 감당하는 분들이 있습니다. 나이는 중요한 것이 아닙니다.

그리고 교회는 IT 기업이 아님을 생각해야 합니다. 이 시대는 기술이 발전하고, 그 기술에 따른 문화가 형성되는 시대입니다. 그렇기에 오늘날 교회는 온라인 세상 속에서 온라인 문화를 선도할 수 없습니다. 다만 세상의 온라인 문화의 흐름을 따라가며 그것을 교회 안에서 활용하는 정도가 교회의 현실적인 온라인 적응 수준이 될 것입니다.

이미 교회학교 아이들은 세상 속에서 다양한 온라인 문화를 경험하고 있고, 여러 온라인 플랫폼과 SNS를 활용하고 있으며, 유튜브 등의 채널을 통해 화려한 영상들을 보고 있습니다. 따라서 교회에서 나름 최첨단이라고 생각하는 영상을 보여 주어도, 온라인을 통한 프로그램을 진행해도 시시하게 느껴질 수밖에 없습니다. 그리고 온라인 상황은 계속 변화되고, 우리가 현재 쓰고 있는 다양한 온라인 플랫폼 역시 계속 그 기술이 발전하기 때문에 아마도 곧 또다시 새로운 것으로 바뀔 것입니다.

예를 들어, 현재 인기를 얻고 있는 메타버스 플랫폼 중 하나를 교사들이 다 공부해서 교회학교 프로그램으로 만드는 데 1년이 걸렸다고 가정해 봅시다. 드디어 그간 준비해 온 무언가를 시도해 보려는데, 1년이 지난 후면 이미 그 메타버스 플랫폼은 인기가 시들해져 있을 수도 있습니다. 또한 아이들이 그래픽이 더 화려하고 실제감을 주는 아바타를 사용하는 최신 메타버스 플랫폼으로 이미 옮겨 갔을 수도 있습니다. 그러면 1년 동안 준비한 노력이 무슨 의미가 있겠습니까. 온라인 기술은 계속 발전하기 때문에 여기에 올인하면 계속 허덕이며 따라가는 정도밖에 되지 않을 것입니다.

오해하지 마십시오. 온라인 사역이 중요하지 않다는 말이 아닙니다. 하지 않아도 된다는 뜻이 아닙니다. 중요한 것은 교사로서의 본질을 지키고, 교사로서의 정체성을 명확하게 인식한 상태에서 아이들을 향한 사랑의 노력으로 온라인 사역을 해야 한다는 것입니다. 아이들의 문화에 눈높이를 맞추기 위해 온라인 사역을 연구하고 활용하려고 하는 것은 아이들에 대한 사랑의 표현입니다. 그리고 코로나19 시대, 아이들을 편하게 만날 수 없는 환경에서 아이들을 온라인에서라도 만나고 싶은 뜨거운 열망 속에서 진행되는 온라인 사역은 아이들에

어쩌다 교사

대한 헌신의 표현입니다.

온라인 사역은 교사로서의 본질을 지키는 가운데, 교회학교 교사로서의 정체성을 붙잡은 가운데 진행되어야 의미 있는 사역이 될 수 있습니다. 또한 열심히 노력했음에도 아이들의 눈높이에 미치지 못해도, 세상보다 세련되지 않아도 아이들은 교사의 진심을 알고 감동을 받으며, 그 안에서 신앙적인 영향을 받을 수 있습니다.

그래서 제가 강조하고 싶은 것은 '본질로 돌아가자'는 것입니다. 지금 이 위기의 시대야말로 본질로 돌아갈 때입니다. 종교 개혁의 중요한 사상은 '본질로 돌아가자'입니다. 고사성어 중에 '역시귀본'(逆時歸本)이라는 말이 있습니다. '시대를 거슬러서 근본으로 돌아간다'는 뜻입니다. 코로나19로 인해, 온라인 사회로 인해 정신없이 변화되는 시대를 거슬러 근본으로, 본질로 돌아가야 할 때입니다.

근본으로, 본질로 돌아가는 핵심은 바로 정체성을 인식하는 것입니다. 인생의 가장 중요한 과제는 '나는 누구인가?'라는 정체성을 인식하고 깨닫는 것이라고 합니다. 자기 자신의 정체성을 정확히 알 때 어떠한 유혹과 어려움과 위기가 닥쳐도 중심을 잡고 갈 수 있습니다. 더 구체적으로는, 하나님과 나의 관계에서 내가 누구인지, 어떠한 존재인지를 알 때 나 자신을 지키고 주변의 환경과 관계없이 사명을 따라 살아갈 수 있습니다.

그는 넘어지나 아주 엎드러지지 아니함은 여호와께서 그의 손으로

붙드심이로다 시 37:24

우리는 인간이기에 넘어질 수 있습니다. 그러나 하나님과의
관계에서 내가 누구인지를 아는 사람은 완전히 엎드러지지 않
고 하나님의 손을 붙잡고 일어나서 또다시 인생의 걸음을 걸
어갑니다. 마찬가지로 하나님과의 관계에서 내가 누구인지를
아는 교사는 어떤 어려움이 닥치든 완전히 엎드러지지 않고
하나님의 손을 붙들며 교회학교 교사의 길에서 이탈하지 않고
사명의 길을 계속 걸어갑니다. 본질에 승부를 거십시오. 기본
으로 돌아가십시오. 하나님과의 관계에서 자기 자신이 누구인
지 깨달으십시오.

교사란 무엇일까?

그가 어떤 사람은 사도로, 어떤 사람은 선지자로, 어떤 사람은 복음

전하는 자로, 어떤 사람은 목사와 교사로 삼으셨으니 엡 4:11

이 말씀에는 초대 교회의 직분이 나오는데, 흥미로운 점은
'목사와 교사' 앞에 헬라어 정관사가 한 번만 나온다는 것입니
다. 정관사는 하나를 지칭할 때 쓰는 문법적 장치인데, '목사'

앞에 정관사가 나오고, '교사' 앞에 정관사가 나오는 것이 아니라, '목사와 교사' 앞에 정관사가 하나뿐이라는 것입니다. 이것은 어떤 의미이겠습니까? 목사가 곧 교사이고, 교사가 곧 목사라는 뜻입니다.

목사가 하는 일을 '목회'라고 합니다. 목회라는 말은 원래 '목초지'에서 나왔습니다. 목초지에서 양에게 풀을 먹이고, 양을 돌보고, 양을 인도하는 것이 바로 목회라는 말의 유래입니다. 목초지에서 양을 돌보고 인도하는 사람을 가리켜 '목자'라고 합니다. 이렇게 본다면 목사는 곧 목자라는 말이 됩니다. 그러면 목사는 곧 목자이고, 목사는 교사이기 때문에 교사도 곧 목자라 할 수 있습니다.

정리하면, 목사는 곧 교사이고, 교사는 곧 목자입니다. 교회 학교 교사가 맡고 있는 반은 하나의 교회입니다. 그리고 그 교회 안에 우리가 사랑하고 돌보고 인도해야 할 양이 있는 것입니다. 그래서 교사는 목자이며, 반을 목회하는 목사와 같은 존재인 것입니다. 이러한 거룩한 부담감과 정체성을 바로 알고 교사로 섬겨야 합니다.

많은 교사가 교사가 얼마나 귀중한 직분인지에 대해 인지하지 못합니다. 내가 누구인지를 정확히 알 때 사명감을 가지고 주변 상황에 흔들림 없이 교사의 직분을 잘 감당할 수 있습니다.

어느 교회에서 교사들을 대상으로 "왜 교사가 되었습니까?"라는 질문에 대해 설문을 한 적이 있습니다. 꼭 솔직하게 답해 달라고 부탁을 했더니 이렇게 이야기합니다. "저는 친하게 알고 교제하던 집사가 연말에 피자 먹으러 오라고 해서 교회 앞 피자 가게에 갔는데, 글쎄 아동부 회식 자리였던 거예요. 거기서 같이 피자 먹다가 교사가 되었어요", "제 친구 집사가 유치부 교사가 너무 적다고 딱 3주만 도와 달라고 해서 갔다가 붙잡혀 어쩔 수 없이 계속하게 되었어요", "저는 우리 딸이 중학교 3학년이어서 우리 아이를 교회에서도 보려고 중등부 교사가 되었어요", "저는 정말 솔직히 말씀드리면, 교회학교 교사 봉사가 다른 여러 봉사, 특히 주방 봉사보다 쉬울 것 같아서 하게 되었어요."

비록 이러한 이유들로 교사를 하게 되었을지라도 내가 교사가 된 것은 우연이 아님을 믿음의 눈으로 바라보아야 합니다. 어떠한 이유로 시작했든 하나님이 나를 교사로 세워 주신 것입니다. 하나님이 나에게 교사의 직분을 맡겨 주신 것입니다. 목회자와 같은 존재로, 목자와 같은 존재로 나를 세워 주셨음을 믿으며 거룩한 부담감을 가지고 교사의 직분을 잘 감당해야 합니다.

본질은 사랑이다

교회학교 교사가 목자와 같은 존재라면 우리는 당연히 좋은 목자가 되어야 합니다. 좋은 목자는 어떤 목자일까요? 예수님은 "나는 선한 목자라 선한 목자는 양들을 위하여 목숨을 버리거니와"(요 10:11)라고 말씀하셨습니다.

양은 선천적으로 목자 옆에 붙어 있는 특성을 가지고 있습니다. 양은 배가 고프면 밥을 달라고 웁니다. 그러면 목자가 밥을 먹을 수 있는 곳으로 인도합니다. 양은 목이 마르면 물을 달라고 웁니다. 그러면 목자가 물을 마실 수 있는 곳으로 인도합니다. 양은 불안하면 지켜 달라고 웁니다. 그러면 목자는 밤을 새우면서 양을 지킵니다. 그런데 아무리 울어도 목자가 옆에 나타나지 않으면 민감한 동물인 양은 극도의 불안감에 휩싸입니다. 계속 우는데도 목자가 옆에 끝까지 나타나지 않으면 심장 발작이 오기도 하고, 심각한 상황에서는 심장 마비로 죽기까지 합니다. 그래서 예수님은 선한 목자, 좋은 목자는 언제나 양과 함께하고, 끝까지 양 옆에서 양을 지키는 목자라고 말씀하신 것입니다. 좋은 목자는 내 양이니까 끝까지 양과 함께합니다.

반면에 나쁜 목자, 삯꾼 목자는 어떤 목자입니까? 예수님은 "달아나는 것은 그가 삯꾼인 까닭에 양을 돌보지 아니함이나"(요 10:13)라고 말씀하셨습니다. 삯꾼 목자는 양 옆에 함께하지 않는 목자라고 하신 것입니다. 삯꾼 목자는 이리가 양을 공격하면 자기가 손해 볼까 봐 달아납니다. 자기가 힘든 일이 있으면 양 옆에 있지 않고 집에 갑니다. 자신의 삶, 자신의 이익과 만족, 자신의 안전이 더 우선순위입니다. 삯꾼 목자는 돈 받고 일하는 목자니까 양에게 관심을 가지는 것이 아니라, 자신의 이익에 관심이 있는 것입니다.

이러한 삯꾼 목자는 목자가 아니라고 예수님은 말씀하셨습니다(요 10:12). 목자 흉내를 내는 것이지 목자가 아닌 것입니다. 삯꾼 목자는 자신의 이익을 위해서 목자인 척하는 것이지 목자가 아닌 가짜 목자입니다. 그러니 양에게는 관심도 없고, 그 양을 자신이 사랑하고 돌봐야 하는 자신의 양으로 전혀 생각하지 않습니다.

교회학교 교사 여러분에게 질문하고 싶습니다. 여러분은 아이들에게 좋은 목자였고, 좋은 목자이고 있습니까? 아니면 나쁜 목자였습니까? 예수님은 우리의 좋은 목자십니다. 그러므로 우리도 마땅히 아이들에게 좋은 목자가 되어야 합니다.

좋은 목자는 자신의 양을 사랑하고 언제나 양 옆에 있어야 하듯, 교사는 어떤 상황이 닥치든 '이 아이들은 하나님이 나에게 맡겨 주신 양들이다'라고 확신하며 아이들과 함께함으로 아이들에게 신뢰감을 주는 존재여야 합니다. 교사가 아이들과 24시간 내내 함께할 수는 당연히 없기에, 언제나 아이들 옆에는 교사가 있다는 무의식적, 의식적 신뢰감을 줄 수 있어야 합니다. 신뢰감은 그냥 생기지 않습니다. 신뢰감의 크기는 사랑의 크기에 비례합니다. 사랑을 많이 받은 만큼 신뢰가 생기는 것입니다. 아이들은 교사가 사랑을 베푼 만큼 교사를 신뢰합니다.

교회학교 교사들이 이러한 목표를 가졌으면 좋겠습니다. 아이들이 너무나 힘들고 어렵고 괴로운 일이 생겨서 어찌할 바를 모르고 삶의 의욕도 잃어 갈 때 휴대전화를 꺼내 제일 먼저 교회학교 교사의 전화번호를 검색해 연락한다면 얼마나 좋을까요. 그 연락을 받는 교회학교 교사는 최고로 성공한 교사라고 확신합니다. 이 아이는 교회학교 교사를 가장 신뢰하기에 힘들고 어려울 때 가장 먼저 떠올린 것입니다. '아이들이 힘들고 어렵고 괴로울 때 가장 먼저 찾는 교사', 이것을 목표로 하여 열심히 아이들을 사랑합시다!

지금 코로나19 기간에 우리 아이들은 정말 힘들어하고 있습니다. 에너지가 넘치는 아이들이 친구들을 마음대로 만나지 못하고 운동장에서 마음껏 뛰어놀지도 못하고 있습니다. 그래서 우리 아이들은 우울합니다. 아이들은 어른들보다도 더 심각한 코로나19 우울증을 경험하고 있습니다. 지금이야말로 더 아이들에게 관심을 가지고 연락하고 선생님이 옆에서 함께하고 기도하고 있다는 신뢰감을 주어야 할 때입니다.

아이들을 사랑함에 있어 어떠한 상황이나 환경이 핑계가 되어서는 안 됩니다. 진짜 우리 아이들을 사랑한다면 그 어느 것도 문제가 되지 않습니다. 비유를 들어 보겠습니다. 저희 딸은 현재 초등학교 6학년인데, 오후 2시경 하교하고 집에 옵니다. 그런데 2시 30분이 되었는데 아이가 집에 오지 않았다고 가정해 봅시다. 그러면 아내와 저는 어떻게 할까요? 아이한테

전화를 할 것입니다. 한 번 했는데 안 받으면 마는 것이 아니라, 전화를 받을 때까지 연락을 할 것입니다.

자! 3시가 되었습니다. 그런데도 아직 아이가 집에 오지 않았습니다. 그러면 어떻게 할까요? 아이 친구부터 담임 선생님, 아이를 알 만한 사람 모두에게 계속 전화하고 또 전화할 것입니다. 이제 4시가 되었습니다. 그런데도 아이가 집에 오지 않았다면 학교 앞이나 아이가 갈 만한 모든 곳을 찾아다니며 아이를 찾을 것입니다. 5시가 되었는데도 아이가 집에 오지 않으면요? 아이가 없어졌으니 경찰에 신고하는 등 난리가 날 것입니다.

부모는 왜 이렇게 할까요? 정답은 내 친자녀이기 때문입니다. 내 친자녀를 말로 표현할 수 없을 만큼 사랑하기 때문입니다. 그렇다면 코로나19 기간에 교사 여러분은 얼마만큼 교회학교 아이들을 사랑했습니까? 얼마만큼 아이들과 만나고 교제하며 신앙적인 영향을 주었습니까? "코로나19 때문에 예배 현장에 못 모였는데 어떻게 무엇을 합니까?", "교회학교 아이들, 다 잘 지내고 있겠지요, 뭐", "아이들은 그동안 심심했기 때문에 코로나19가 끝나면 알아서 교회에 올 거예요." 혹시 이렇게 답하고 있지는 않습니까? 이것은 마치 앞서 비유에서 친자녀가 집에 2시에 와야 하는데 3시가 되었는데도, 4시가 되었는데도 오지 않아도 태평하게 "집에 안 오는 이유가 있겠지요", "조금 있으면 알아서 오겠지요"라고 반응하는 것과 똑같다고 생각합니다.

도전하는 말씀을 드립니다. 교회학교에서 내가 맡고 있는 아이들이나 우리 집에 있는 아이나 하나님 나라의 가족 개념에서는 똑같은 친자녀입니다. 혈연관계로 연결된 우리 집에 있는 아이만 친자녀가 아니라 교회학교 아이들도 친자녀입니다. 예수님은 "누구든지 하나님의 뜻대로 행하는 자가 내 형제요 자매요 어머니이니라"(막 3:35)라고 말씀하셨습니다. 하나님 나라의 가족 개념에서는 혈연관계가 아닌 하나님의 뜻대로 행하는 자가 내 가족이라는 것입니다. 하나님의 뜻대로 행하는 것은 곧 예수님을 믿는 것입니다. 천국은 하나님의 뜻대로 예수님을 믿는 사람들이 가는 곳입니다. 그래서 천국에 가면 거기에 있는 모든 사람이 다 친가족입니다.

교회학교에서 내가 맡고 있는 아이들은 다 예수님을 믿고 천국에 갈 아이들입니다. 그렇다면 교회학교에서 내가 맡고 있는 아이들은 곧 영원한 천국에서 함께할 친가족인 것입니다. 집에 있는 내 딸, 내 아들만이 친자녀가 아니라 교회학교에서 예수님을 믿는 내가 맡고 있는 아이들도 내 친자녀라는 사실을 기억해야 합니다. 성경이 말하는 가족 개념을 명확히 인지하고 교회학교 아이들을 내 친자녀로 받아들여 그들을 혈연관계로 이루어진 친자녀와 구분 없이 똑같이 사랑하는 교사가 되기를 소망합니다.

이런 교사가 된다면 세련된 교육 방법은 좀 몰라도 됩니다. 온라인 플랫폼을 능숙하게 다루지 못해도 괜찮습니다. 말이 서툴러도 됩니다. 아이들의 눈높이를 좀 못 맞추어도 상관 없습니다. 인간은 사랑에 감동하는 존재입니다. 교사가 친자 녀로 여기며 사랑한다면 어떤 아이들이라도 그 사랑을 느낍니다. 감동하게 됩니다. 진짜 교육이 이루어지는 것입니다. 사랑이 전부입니다! 사랑이 본질입니다!

트레이너가 아니라 코치가 되어야 한다

교회학교 교사는 트레이너가 아니라 코치가 되어야 합니다. 왜냐하면 우리의 진정한 스승이신 예수님이 우리의 코치셨기 때문입니다. 코치에 대해 알아보기 전에 트레이너를 살펴보겠습니다.

'트레이너'는 영어로 'trainer'입니다. 그리고 트레이너가 하는 교육적 활동을 '트레이닝'(training)이라고 합니다. '트레이닝'의 어원은 '트레인'(train), 즉 '기차'입니다. 기차는 손님을 기다리지 않고, 손님이 기차에 맞춰야 합니다. 예를 들어, 6시 기차를 타기 위해 서울역에 갔는데 조금 늦어서 6시 1분이 되면 기차는 이미 출발해서 탈 수 없습니다. 손님이 아무리 손을 흔들고 "기차야, 돌아와라! 돌아와라!" 외쳐도 돌아오지 않습니다. 주도권은 기차에게 있고, 손님에게 있지 않습니다. 여기서 기차가 바로 교사이고, 손님이 아이입니다. 교육의 주도권이

어쩌다 교사

교사에게 있는 것입니다. 교사는 아이에게 교육하고, 아이는 교사가 가르치는 내용에 따라야 하고 교사가 하라는 대로 해야 합니다.

운동하러 헬스장에 잠시 다닌 적이 있습니다. 그때 무료 PT(personal training)를 두 번 받았는데, 헬스 트레이너가 제게 20kg 역기를 10회 들라고 했습니다. 저는 하나, 둘, 셋, 넷까지 들었다가 이내 지쳤습니다. 그래도 트레이너는 "하나 더!", "하나 더!"를 외치면서 10회를 끝까지 들도록 했습니다. 저는 트레이너가 계획한 대로 따르고 하라는 대로 했습니다. 그래서 그가 헬스 트레이너인 것입니다.

교회학교 교사의 목표는 트레이너가 되는 것이 아닙니다. 우리의 목표는 코치가 되는 것입니다. '코치'는 영어로 'coach'입니다. 그리고 코치가 하는 교육적 활동을 '코칭'(coaching)이라고 합니다. 영어 사전에서 'coach'를 찾으면 '마차'라고 나옵니다. 원래 코치는 헝가리 지역에 있던 도시 이름인데, 이곳에서 최초로 마차가 만들어졌다고 합니다.

마차는 손님을 기다립니다. 손님이 바다로 가자고 하면 바다로 가고, 강으로 가자고 하면 강으로 가고, 산으로 가자고 하면 산으로 갑니다. 주도권이 마차가 아니라 손님에게 있습니다. 여기서 마차가 바로 교사이고, 손님이 아이입니다. 교육의 주도권이 교사에게 있는 것이 아니라, 아이에게 있는 것입니다. 교사는 아이에게 맞춰 주고 아이의 필요를 채워 주는 역할을 합니다. 그래서 코칭을 정의하면, "아이의 전인적인 성장을 위해서 아이의 눈높이에 맞추고 아이의 육적, 정신적, 영적인 필요를 채워 주는 교육적 활동"이라고 할 수 있습니다.

교회학교 교사가 아이의 필요를 채워 주기 위해서는 6가지 역할을 감당해야 합니다. 6가지 역할은 교사, 역할 모델, 지원자, 상담자, 친구, 선배입니다.

첫째, 교사의 역할은 정보를 전달하고, 새로운 내용을 알려 주고, 잘못된 길로 갈 때는 바로잡아 주는 것입니다. 교사는 성경 말씀을 정확히 알려 주는 역할을 해야 하고, 잘못된 길이나 나쁜 길, 가지 말아야 할 길을 갈 때는 돌이키게 하는 훈육의 역할을 감당해야 합니다. 코치라고 해서 무조건적으로 수용해서는 안 되고 훈육의 역할도 해야 하는 것입니다.

둘째, 역할 모델의 역할은 아이들에게 모범을 보이고 자연스럽게 교사인 자신을 따라오게 하는 것입니다. 예를 들어, 아이들이 기도하게 하려면 "기도하세요" 하며 강요하거나 잔소리하는 것이 아니라, 교사가 먼저 열심히 기도하는 모습을 보이는 것입니다. 그러면 교사가 기도하는 모습을 보면서 아이들은 따라서 기도하게 됩니다.

교회학교가 양적으로나 질적으로나 부흥할 수 있는 비결을 알려 드립니다. 그것은 교사가 부서 예배자가 되는 것입니다. 저는 다양한 교회들의 교회학교 부서 예배에 참여하는데, 부흥하는 교회학교와 그렇지 않은 교회학교는 쉽게 구분됩니다.

먼저, 부흥하지 못하는 교회학교는 교사가 부서 예배 안에서 방관자 혹은 감시자 역할을 합니다. 방관자 역할은 교회학교 부서 예배는 아이들이 드리는 예배라고 가정하는 것입니다. 이들은 아이들이 교회에 오면 "앞으로 가세요"라고 말하곤 정작 교사인 자신은 예배가 시작되면 밖으로 나와서 동료 교사들과 차를 마시거나, 심지어 공과 준비를 합니다. 감시자 역할은 예배 시간 내내 자는 아이들을 깨우고, 떠드는 아이들을 조용히 시키고, 휴대전화를 만지는 아이들을 못하도록 관리하는 등 아이들을 감시하는 것입니다.

방관자와 감시자 역할의 공통점은 바로 교사가 교회학교 부서 예배의 예배자가 아니라는 것입니다. 교회학교 부서 예배의 예배자는 아이들이라고 가정하는 것입니다. 이런 교회는 영적으로 살아 있을 수가 없습니다.

반면에 부흥하는 교회학교의 특징은 교사가 교회학교 부서 예배의 온전한 예배자입니다. 부서 예배에서 아이들보다 더 집중하고 열심히 예배를 드립니다. 율동도 열정적으로 따라 하고, 큰 소리로 찬양을 부르고, 교회학교 담당 교역자의 설교를 집중해서 들으면서 "아멘"으로 화답하고, 큰 은혜를 받습니다. 통성으로 기도하자고 하면 가장 크게 간절히 기도합니다. 이렇듯 교회학교 교사가 온전한 예배자가 된 교회학교 부서는 부흥할 수밖에 없습니다.

아이들에게 예배 잘 드리라고 잔소리하기보다 교사가 먼저 온전히 예배드리는 모델이 되어 주세요. 찬양을 크게 부르라고 요구하기보다 교사가 큰 소리로 집중해서 찬양을 부르세요. 담당 교역자의 설교를 졸지 말고 들으라고 끊임없이 말하기보다 교사가 먼저 집중해서 설교를 듣고 은혜를 받으세요. 이것이 역할 모델로서 아이들에게 다가가는 모습입니다.

셋째, 지원자의 역할은 아이들에게 필요한 것을 공급해 주는 것입니다. 아이들이 배가 고프면 예배를 마치고 맛있는 음식을 사 주고, 아이들이 좋아하는 선물도 줄 수 있어야 합니다. 요즘 아이들이 좋아하는 선물은 기프티콘입니다. 기프티콘은 사용하고 싶을 때 바로 사용할 수 있어 편리하고, 아이들이 좋아할 만한 선물 콘텐츠가 많기 때문입니다. 초등학생, 중학생, 고등학생, 청년 할 것 없이 다 좋아하는 선물, 그러나 교사도 부담이 되지 않는 선물이 있는데, '아이스크림 기프티콘'입니다. 이 선물을 주면 아주 좋아합니다. 또 하나는 '최신 유료 이모티콘'입니다. 요즘 아이들은 이모티콘으로 대화를 합니다. 그래서 교사가 최신 유료 이모티콘을 선물하면 아이들이 정말 좋아합니다.

넷째, 상담자의 역할은 아이들이 힘들고 어렵고 괴롭고 걱정과 고민이 되는 일이 있을 때 그들의 이야기를 들어 주고 문제를 해결해 주는 것입니다. 상담은 말하는 예술이 아니라 '듣는 예술'(art of listening)입니다.

상담에 대해서는 이후 살펴볼 것이기에(2부 11장) 여기서는

어쩌다 교사

간단히 언급하겠습니다. 상담을 잘하려면 처음에 '10 대 90의 법칙'을 지키기 위한 훈련을 해야 합니다. '10 대 90의 법칙'은 10퍼센트만 말하고, 90퍼센트는 듣는 것입니다. 아이들의 이야기를 잘 듣는 교사가 되어야 합니다. 그리고 공감을 잘하기 위해 상담받는 아이의 상황과 감정을 공유하고자 노력해야 합니다. "정말 힘들었겠어요. 어떻게 그 어려운 일을 견뎠어요? 참 대단해요. 그런 억울한 일이 있었다니 선생님이 화가 나네요" 등 공감적 반응을 할 수 있어야 합니다.

다섯째, 친구의 역할은 아이와 함께 노는 것입니다. 놀아 주는 것이 아니라, 노는 것입니다. 놀아 주는 것은 나는 하기 싫지만 아이를 생각해서 해 주는 것입니다. 그러나 노는 것은 나도 좋아서 아이와 함께 어울려 즐거운 시간을 보내는 것입니다. 교회학교 교사는 시간을 내서 아이들이 좋아하는 게임을 같이 하고, 아이들이 좋아하는 음악을 같이 듣고, 아이들이 좋아하는 운동을 같이 할 수 있어야 합니다.

여섯째, 선배의 역할은 인생을 먼저 살아간 사람으로서 아이를 공감해 주고 위로해 주고 지지해 주는 것입니다. 교사가 가르치는 아이들의 나이대에 경험했던 일화를 종종 말해 주면 아이들은 '아! 우리 선생님도 나와 같은 때가 있었구나. 내가 지금 힘들어하는 문제 때문에 선생님도 힘들어하셨구나' 하고 인지하게 됩니다. 그때 서로 공감의 역사가 일어나고 친밀해질 수 있습니다. 예를 들어, 고등학교 1학년 학생이 수학 시험을 잘 보지 못해서 엄마에게 혼난 이야기를 선생님에게 했다면, 선생님도 고등학교 1학년 즈음에 시험을 잘 못 보았을 때의 기억을 꺼내 이야기해 주면 공감이 일어나고 학생을 위로하고 지지해 줄 수 있을 것입니다.

이처럼 교사, 역할 모델, 지원자, 상담자, 친구, 선배의 역할을 균형 있게 감당하며, 아이에게 눈높이를 맞추고, 그들의 필요를 채워 주기 위해 노력한다면 정말 멋진 아이들의 코치가 될 것입니다.

우리가 코치가 되어야 하는 이유는 예수님이 우리의 코치가 되셨기 때문입니다. 전지전능한 하나님이신 예수님이 하늘 보좌를 버리고 이 낮고 낮은 땅으로 오셔서 우리 인간의 눈높이에 자신을 맞추셨습니다. 예수님은 평범한 인간도 아닌 종의 모습을 가지고 우리에게 오셨고, 우리 인간의 육적인, 정신적인, 영적인 필요를 채워 주기 위해 고난의 삶을 사시다가 십자가에서 죽으셨습니다. 예수님의 성육신 사건이 바로 그분이 우리에게 코치가 되어 주신 사건입니다.

> 그는 근본 하나님의 본체시나 하나님과 동등됨을 취할 것으로 여기지 아니하시고 오히려 자기를 비워 종의 형체를 가지사 사람들과 같이 되셨고 사람의 모양으로 나타나사 자기를 낮추시고 죽기까지 복종하셨으니 곧 십자가에 죽으심이라 빌 2:6-8

어쩌다 교사

진정한 스승이신 예수님, 교사의 진정한 모델이신 예수님의 삶을 본받아 우리도 아이들을 진정으로 사랑하고 그들에게 눈높이를 맞추는 코치가 되어야 합니다.

우리가 많이 들어 온 말이 있지요? "위기는 기회다." 위기는 자신의 정체성을 바로 깨닫고 본질을 지키는 자들에 의해서 기회가 됩니다. 진정한 우리의 스승 되신 예수님을 본받아 우리도 아이들에게 선한 목자, 좋은 코치가 됩시다.

2.

열정이
식어버렸다

○

사람은 옆에 있는 사람의 영향을
받기 마련입니다. 열정적인 사람 옆에 있으
면 자신도 서서히 열정적인 사람으로 변해
갑니다. 반면에 우울한 사람 옆에 있으면 자
신도 똑같이 우울함을 닮아 가게 됩니다. 감
사하는 사람 옆에 있으면 자신도 상대방의
감사하는 습관에 영향을 받아 감사하는 사
람으로 변화됩니다. 그렇기 때문에 교육에
있어서, 지금 어떤 사람과 함께하고 있는가
가 굉장히 중요합니다.

교사는 아이들에게 친구 이상으로 엄청난
영향을 미치는 존재입니다. 교사의 말 한마

어쩌다 교사

디, 습관 하나하나가 아이들의 가치 형성과 삶의 방식에 영향을 줄 수 있습니다. 그러므로 교사는 반드시 열정적인 사람이어야 합니다. 열정적인 교사에게 배운 아이들은 열정적인 사람이 됩니다. 열정적인 교사는 삶에 대한 열정, 자신의 미래에 대한 열정, 현재 삶에 대한 열정, 하나님에 대한 열정을 가지고 살아갈 수 있도록 아이들에게 무의식적인, 또한 의식적인 영향을 주기 마련입니다.

굉장히 열정적인 선생님이 있었습니다. 그분은 열정적으로 아이들을 가르쳤고, 열정적으로 아이들의 이야기를 들어 주었습니다. 저는 그때 열정적인 교사의 얼굴에서는 빛이 난다는 것을 처음 느꼈습니다. 반 아이들은 그 선생님을 너무나도 좋아했고, 옆 반 아이들도 그 선생님 반에 들어가고 싶어서 연말이 되면 저를 찾아와 노래를 불렀습니다. 열정적인 교사는 아이들을 끄는 매력이 있습니다.

그리고 제가 발견한 놀라운 점은 그 열정적인 선생님 밑에서 배운 아이들이 하나같이 선생님을 닮아 열정적으로 변화되었다는 것입니다. 연초에 그 선생님 반 아이들 중에 우울한 아이도 있었고, 억지로 교회에 나오던 아이도 있었습니다. 그런데 연말이 되니까 너무나 놀랍게도 아이들이 다 비슷해져 있었습니다. 모두가 그 선생님을 닮아서 열정적인 삶의 자세, 신앙의 자세를 가진 성숙한 아이들로 변해 있었던 것입니다.

교회는 목회자의 스타일을 닮아 간다고 합니다. 더 정확히 말하면, 성도들은 담임 목회자의 스타일을 고스란히 닮게 됩니다. 마찬가지로 교회학교 반 아이들은 교사의 스타일을 고스란히 닮게 될 수밖에 없습니다. 스스로 학부모라고 생각해 보세요. 자녀를 열정적인 교사에게 보내고 싶나요, 아니면 얼굴에 '나는 교회학교 교사로 봉사하기 싫어요. 교회 봉사는 하나 해야 하니까 억지로 하고 있는 거예요'라는 메시지가 쓰여 있는 교사에게 보내고 싶나요? 답은 너무나 뻔합니다.

성령님은 우리 안에 있는 열정을 깨우시는 분입니다. 우리는 교회에서 '은혜 받다'라는 말을 자주 합니다. 이 말은 성령님이 내 안에 충만하게 역사하시는 것을 의미합니다. 성령 충만할 때 나타나는 외적인 반응이 바로 열정입니다. 성령님이 내 안에 강력하게 역사하시면 삶의 열정과 신앙의 열정이 살아납니다. 현실의 두려움과 걱정에서 탈피해 보고자 하는 열정이 살아납니다.

저는 교사 수련회를 인도한 경험이 많습니다. 교사들 대부분이 직장을 다니기에 주중에 시간을 내어 교사 수련회를 열기란 여간 어려운 일이 아닙니다. 그럼에도 교사의 영적인 회복을 위해, 사명의 회복을 위해 교사 수련회는 너무나도 필요합니다.

대개 교사 수련회를 시작할 때는 바쁜 일상에 지쳐서 한숨만 쉬는 교사들이 많습니다. 교사임에도 불구하고 찬양하자고 하면 개미 목소리로 찬양을 합니다. 물론 삶에 지쳐서 그러할

어쩌다 교사

것입니다. 하지만 교사 수련회 마지막 날이 되면 교사들이 변화되어 있습니다. 말씀을 듣고 기도하는 중에 성령님이 그들의 마음을 만지신 것입니다. 그러면 그들은 다시 열정을 회복하게 됩니다. 그러다가 폐회 예배 때는 목이 쉬도록 우렁차게 찬양하고 기도합니다. 성령님이 역사하시면 열정이 회복되고 증가합니다.

혹시 열정이 식은 교사가 있다면 정신을 똑바로 차려야 합니다. 열정이 식은 이유를 분석해 보면 다음과 같을 것입니다.

신앙에 방황이 왔다

교사도 신앙에 방황이 옵니다. 교사라고 신앙의 기복이 없을 수 없습니다. 특히 지금 삶에 경제적인 어려움이나 건강상의 문제가 발생했다든가 가족 간에 문제가 있을 때 하나님을 향한 신앙도 침체될 수 있습니다. 그렇다 보면 교사 일이 즐겁지 않고, 그저 반을 맡고 있으니까 빠질 수는 없고 꾸역꾸역하게 되는 것입니다.

이 경우 하나님께 매달려야 합니다. 하나님과의 깊은 교제로 계속 나아가야 합니다. 그리고 동료 교사들에게 기도를 요청해야 합니다. 동료 교사들은 일주일에 한 번 만나는 사이가되면 안 됩니다. 일반 학교의 동료 교사들처럼 밥도 자주 먹고, 차도 자주 마시고, 자주 만나서 이야기하는 친밀한 관계가 되어야 합니다. 아울러 신앙의 동지가 되어야 합니다.

교사도 신앙 때문에 힘들어할 수 있습니다. 신앙에 회의감이 들 때도 있을 수 있습니다. 특히 어린 교사의 경우에는 일반적으로 신앙의 기복이 심합니다. 그렇기 때문에 교사들은 신앙에 대해 솔직히 이야기하고 신뢰감 속에서 기도 요청을 서로에게 할 수 있어야 합니다. 어떤 교사가 신앙적으로 어려움을 겪고 있다면 기도로써 일으켜 세워 주어야 합니다.

> 그러므로 피곤한 손과 연약한 무릎을 일으켜 세우고 너희 발을 위하여 곧은길을 만들어 저는 다리로 하여금 어그러지지 않고 고침을 받게 하라 히 12:12-13

교사 공동체에서 바로 이 말씀과 같은 역사가 일어나야 합니다.

제가 제일 듣고 싶은 별명은 '밥 사 주는 목사'입니다. 보통 교회에서 목사는 밥을 사 주는 존재가 아니라 밥을 얻어먹는, 좋게 이야기하면 대접받는 존재입니다. 저는 누가 제게 밥을 사 줄 때 기분이 좋지만, 제가 누군가에게 밥을 사 주면 기분이 더 좋습니다. 그래서 어느 사역지를 가든지 아이들은 말할 것도 없거니와 교사들에게 밥을 사 주려고 노력합니다. 물론 저도 돈은 항상 부족합니다. 하지만 부족한 가운데서 밥을 사

주니까 정말 보람 있고 의미 있습니다.

한 교회에서 사역할 때입니다. 용감하게도 제 생일에 부서 교사들에게 밥을 사겠다고 공언한 적이 있습니다. 그리고 실제로 제 생일에 30명이 넘는 교사들을 데리고 식당에 가서 밥을 샀습니다. 제 한 달 사례비의 3분의 1이 넘는 비용이 나왔습니다. 그달은 경제적으로 힘들게 살았지만, 제 인생에서 정말 보람된 기억 중에 하나입니다.

저는 보통 제 눈에 뭔가 힘들어 보이는 표정을 많이 하고 있는 교사에게 다가가 약속 시간을 정하고 밥을 삽니다. 그분과 밥을 같이 먹으면서 이야기를 들어 주고 위로하고 기도해 줍니다. 그러면 금세 힘을 얻고 정말 고마워합니다. 이것이 얼마나 큰 보람인지 모릅니다. 동료 교사들을 위로하고 세워 주고 격려해 주는 것이 얼마나 행복하고 보람된 일인지 경험해 보기를 바랍니다.

억지로 떠맡았다

교회 형편에 따라 교사 지원이 자원이 되기도 하고, 인맥에 의해 강제가 되기도 합니다. 규모가 큰 교회는 교사 지원이 자율인 경우가 있지만, 규모가 작은 교회는 교사가 턱없이 부족한 상황에서 교사로 섬겨야 한다는 강요 속에 교사를 맡게 되는 경우가 많습니다. 강요가 되면 즐거움이 사라집니다. 즐거움이 사라지면 당연히 열정이 생길 수 없습니다.

그럼 이러한 상황에서 이상을 택해야 합니까, 아니면 현실을 택해야 합니까? 교회 현실을 바라보면서 어쩔 수 없으니까 끝까지 억지로 섬겨야 합니까, 아니면 어려운 선택이지만 교사로 섬기는 일을 그만두어야 합니까? 쉽지 않은 문제입니다. 그러나 억지로 섬기는 교사는 결국 교사 공동체 전체에 악영향을 미칩니다. 그리고 결국에는 아이들에게까지 그 영향이 가게 되어 있습니다. 더 중요한 것은 억지로 섬기는 교사 자신의 신앙에도 부정적인 영향을 미친다는 것입니다.

따라서 현실보다는 이상을 선택하는 것이 장기적으로는 좋습니다. 제 목회 경험상, 강요해서 머릿수를 채운 교사 10명분의 역할을 자발적이고 열정적으로 섬기는 교사 1명이 충분히 감당할 수 있습니다. 이는 농담이 아니라 진실입니다.

제가 사역했던 미국의 한인 교회에는 유학생 부부가 많았습니다. 성도들 대부분이 학업 때문에 바빴기에 교회학교 교사로 지원하는 사람이 정말 가뭄에 콩 나듯 했습니다. 어쩔 수 없이 최소 자원 인원으로 아동부를 꾸려 갔습니다. 결론적으로 말하면, 비록 인원은 부족했지만 모두가 다 자발적으로 섬기겠다고 한 교사들이기 때문에 일당백의 역할을 했습니다. 교사들이 인원이 부족한 어려움 속에서도 웃으면서 맡겨진 사역을 충실히 잘 감당해 주었습니다.

어쩌다 교사

교사 선발에 있어서도 교회 현실보다는 이상을 택하기를 원합니다. 그것이 하나님이 기뻐하시는 일이라 확신합니다. 소수일지라도 정말 교사로 섬기고 싶은 사람을 택해야 합니다.

> 너희 중에 있는 하나님의 양 무리를 치되 억지로 하지 말고 하나님의 뜻을 따라 자원함으로 하며 더러운 이득을 위하여 하지 말고 기꺼이 하며 벧전 5:2

이 말씀은 목회자뿐만 아니라 교사들에게 너무나도 필요합니다. 중요한 키워드는 '자원함'과 '기꺼이'입니다. 자원함이 있을 때 기꺼이 섬길 수 있는 힘이 생깁니다. 자원해서 열정을 다해 즐겁게 섬기는 교사가 좋은 교사입니다.

매너리즘에 빠졌다

사람은 기계가 아닙니다. 사람은 무슨 일이든 습관적으로 반복하다 보면 매너리즘에 빠지기 쉽습니다. 교사에게 있어 매너리즘은 가르치는 일이 매주 반복되다 보니 형식화되어 처음 교사가 되었을 때의 초심을 잃어버리는 것을 말합니다. 따라서 매너리즘에서 빠져나오기 위해서 교사는 자신에게 본질적인 질문을 계속해서 던져야 합니다. '내가 왜 교사가 되었지?', '내가 처음 교사가 되었을 때의 마음가짐은 무엇이었지?', '내가 처음 아이들을 가르쳤을 때 기분과 느낌은 어땠지?' 등의 질문을 주중에 공과 공부를 준비할 때 생각하고 묵상해야 합니다.

우리가 존경해야 하는 사람은 초심을 잃지 않는 사람입니다. 그리고 우리가 따라야 하는 사람도 바로 초심을 잃지 않는 사람입니다. 사람은 초심을 잃으면 바른길에서 이탈하게 됩니다. 의사는 '히포크라테스 선서'를 하면서 몸이 아픈 사람을 사랑으로 돌보겠다고 결단합니다. 그 초심을 지켜야 좋은 의사가 되는 것입니다. 목회자는 목사 안수를 받을 때 하나님께 기도한 내용을 지키고, 그때의 마음가짐을 붙들고 있어야 바른 목사가 됩니다.

교사도 초심을 지켜야 합니다. 처음 하나님이 교사로 불러주셨을 때의 마음을 끝까지 지키고자 노력해야 합니다. 처음 아이들을 가르쳤던 그때의 떨리는 마음을 끝까지 붙잡을 수 있어야 합니다.

저도 전도사가 되기 전에는 중고등부에서 교사로 섬겼습니다. 사실 너무나도 부족했지만 고등학교를 졸업하자마자 중고등부 교사가 되었습니다. 처음 아이들을 맡았을 때 너무나도 기뻤던 기억이 납니다. 이제는 학생이 아니라 교사의 신분이 되었다고 생각하니 정말 가슴 벅찼습니다. 아이들을 처음 가르치는 주일이 되기 전에는 아이들을 잘 가르치기 위해 정

어쩌다 교사

말 성경을 많이 읽었고, 기도도 많이 했고, 철저히 준비했습니다. 그리고 주일 전날엔 설레는 마음으로 떨려 잠도 제대로 자지 못했습니다. 주일 아침이 되어 교회에 가서 아이들을 만나고 공과 공부 시간에 처음으로 아이들을 가르쳤습니다. 그때 그 순간을 평생 잊을 수가 없습니다.

첫 공과 공부 시간에 제가 말을 떼기도 전에 우리 반 남학생이 "형" 하는 것이 아니겠습니까. 그러더니 한 여학생이 "오빠" 하고 말했습니다. 저는 고등학교를 졸업하자마자 교사로 섬겼기 때문에 불과 몇 주 전만 해도 그 아이들과 "형", "오빠" 하던 사이였습니다. 아무튼 당시 반 아이들이 저를 교사로 대해 줄 것이라는 기대는 깨졌지만, 처음 교사가 되어 아이들을 가르쳤을 때의 초심을 생각하면 웃음이 납니다. 그때 그 설레고 떨렸던 기분이 아직도 느껴지는 것 같습니다.

학생이 줄었다

교사의 열정이 식는 현상적인 원인은 자신이 맡고 있는 학생들의 수가 줄어들었기 때문입니다. 학생 수가 계속 늘어나면 기분 좋고 신이 나겠지만, 학생 수가 감소되면 그야말로 가르치고자 하는 열정이 식을 수밖에 없습니다. 이것은 목회자에게도 적용됩니다. 자신이 목회하는 교회의 성도 수가 늘어

나면 없던 힘까지 솟아나는데, 성도 수가 줄어들면 자연적으로 힘이 빠지게 되는 것은 어쩔 수 없는 일 같습니다. 특히 지금과 같은 코로나19 시기에는 대면 예배를 드린다 할지라도 교회에 나오는 아이들의 숫자가 이전과 비교해 볼 때 급감했기 때문에 교사가 지녀야 할 열정이 식어 버리기 쉽습니다.

학생 수가 감소되는 경우, 교사는 이런 생각을 하기 마련입니다. '아이들이 나를 싫어하나?', '내가 가르치는 것이 재미없나?', '내 실력이 부족한가?' 이런 생각에 계속 빠져들면 열정이 식고, 교사로 섬기는 일이 점점 하기 싫어지며, 결국 담당 교역자에게 "저는 교사에 재능이 없어서 내년에는 교사를 못하겠어요"라고 말하게 되기 십상입니다.

학생 수가 감소되는 원인이야 여러 가지가 있겠지만, 교사는 무조건 책임감을 가져야 합니다. 여기서 책임감이라는 것은 내가 맡고 있는 아이들을 절대로 포기하지 않겠노라는 의지적인 결단입니다. 교사에게 이 책임감은 너무나도 필요합니다.

미국에서 교육학을 공부할 때 성공한 미국 교사들에 대해 분석한 논문들을 많이 보았습니다. 성공한 교사들의 공통점은 바로 '책임감'이었습니다. 성공한 미국 교사는 자신이 맡은 학생들을 처음 만날 때 학업 성취 레벨의 책임감에 대해서 말한다고 합니다. 즉 그 교사는 학생들에게 "나는 너희들 모두가 전 과목에서 B학점 미만을 받지 않을 수 있도록 책임감을 가지고 도와줄 것이다. 너희들의 학업 성취의 책임은 나에게 있는 것이니 현재 공부를 못한다고 생각하는 아이들도 나는 절대 포기하지 않을 것이다"라고 확신을 주며 말한다는 것입니다.

여기서 오해하지 말 것은, 성적을 올려 주어 좋은 교사라는 말이 아니라, 학생들의 학업 성취에 대해 무한한 책임감을 가지고 있기 때문에 좋은 교사요, 성공한 교사라는 뜻입니다. 반면에 나쁜 교사, 실패한 교사는 학생들의 학업 성취가 나쁠 때 학생들이 노력하지 않았다고 지적하거나 학생들의 실력 없음을 탓합니다. 교사가 자기 탓을 하지 않고 책임감을 가지지 않는 것입니다.

언젠가 축구 경기에 진 팀의 감독이 경기 직후에 인터뷰한 장면을 보았습니다. 그는 "제가 제시한 전술은 좋았는데, 선수들이 그 전술을 소화하지 못했습니다"라고 답했습니다. 객관적으로는 맞는 말 같지만, 저는 이 말속에서 감독의 책임감을 느낄 수가 없었습니다. 감독은 전술 제시만 하는 사람이 아닙니다. 그 전술을 선수들이 소화하고 경기에서 실행할 수 있도록 도와주는 존재입니다. "제가 부족해서 선수들이 전술을 제대로 이해하고 뛸 수 있게 돕지 못했습니다. 다음부터는 제가 더 노력하겠습니다." 이렇게 말했다면 얼마나 멋진 감독이었겠습니까.

교회학교 교사도 마찬가지입니다. 학생 수가 감소하는 원인이야 여러 가지가 있겠지만, 그 원인을 학생에게서나 교회의 내부적인 사정에서 찾지 말고, 자신에게서 찾아야 합니다. 그리고 자신의 부족함 때문에 좌절하고 낙망해서 교사를 그만두는 것이 아니라, 더욱더 큰 책임감을 가지고 더 나은 교사, 좋은 교사, 하나님 앞에 바로 선 교사가 되기 위해 부단히 노력해야 합니다. 아이들에 대한 책임감은 아이들에 대한 사랑에서 나옵니다. 아이들을 진정으로 사랑할 때 책임감이 자동으로 발휘되는 것입니다. 그러므로 교사는 아이들을 정말 마음 다해 사랑해야 합니다.

수첩에 자신이 맡고 있는 반 아이들의 사진을 작게 출력한 후 일렬로 붙여서 가지고 다니는 모범적인 교사를 본 적이 있습니다. 보통 수첩이나 지갑에는 자녀들의 사진을 넣어 가지고 다니기 마련인데 말입니다. 얼마나 감동입니까! 그분은 아이들을 정말 뜨겁게 사랑하기 때문에 그렇게 할 수 있었던 것입니다. 일주일에 한 번 만나는 아이들이 아니라, 자신의 친자녀 같은 아이들로 여기는 것입니다.

아이들을 사랑합시다! 아이들을 주중에도 많이 생각하고 만납시다. 사랑을 키워 갑시다. 그러면 책임감이 솟아나고 열정은 더 강렬해질 것입니다.

성격이 맞지 않다고 생각했다

어떤 교사는 스스로에게 이렇게 말합니다. "나는 성격적으로 소심해서 열정이 없는 거야." 대개 성격적으로 소심하거나 조용한 사람은 객관적인 삼자가 보았을 때 열정이 없는 것같이 느껴질 수 있습니다. 그러나 꼭 그렇지만도 않습니다. 조용하거나 차분하거나 소심한 사람도 열정이 충만할 수 있습니다. 우리는 열정을 외적으로 드러난 활발한 행동으로 국한할 때가 많은데, 이는 열정을 잘못 이해한 것입니다. 열정은 열의를 가지고 헌신하며 최선을 다하는 것을 의미합니다. 따라서 특정한 성격과 관계가 없습니다. 소심한 사람도, 조용한 사람도, 차분한 사람도 열정적인 사람이 될 수 있습니다. 자기 성격의 장점을 발휘해 열정을 표출할 수도 있습니다.

참으로 조용한 선생님을 만난 적이 있습니다. 수줍음이 많아서 어떻게 아이들을 가르칠 수 있을까 내심 걱정이 되기까지 했습니다. 그러나 우려와 달리 아이들이 그분을 너무나도 좋아했습니다. 그래서 저는 이 선생님에게 어떠한 장점이 있기에 아이들이 좋아하는지를 분석하기 시작했습니다.

그분은 소심한 성격 탓에 많은 아이를 이끌고 나가기에는 어려움이 있었습니다. 그래서 선택한 방법이 바로 일대일 상담이었습니다. 조용하고 차분한 자신의 성격적인 장점을 살려서 공과 공부 시간이 끝나면 한 명, 한 명 약속을 정해서 만나

이야기를 나누고 자신이 가르친 내용에 대한 질문을 받고 답변해 주는 식이었습니다. 그분은 조용하고 차분하고 소심하지만, 누구보다도 큰 열정을 가진 교사였던 것입니다.

교사는 반드시 신앙에 대한 열정, 삶에 대한 열정, 가르침에 대한 열정, 아이들에 대한 열정이 있어야 한다는 사실을 기억하기 바랍니다. 하나님을 뜨겁게 섬기고, 삶의 현장에서도 최선을 다해 열정적으로 살며, 헌신적으로 아이들을 사랑하고 가르치는 교사가 한국 교회 현장에서 계속적으로 세워지기를 간절히 소망하고 또 소망합니다.

3.

객관적으로

나를 점검한다

○

제가 정의하는 좋은 교사는 바로 성찰하는 교사입니다. 교사뿐만 아니라 부모도, 목회자도 마찬가지입니다. 성찰하는 부모가 좋은 부모이고, 성찰하는 목회자가 좋은 목회자입니다.

'성찰'이란 자기 자신이 잘한 일에 주목하는 것이 아니라, 자신이 실수한 것, 부족한 부분, 보완되어야 하는 모습에 대해 집중적으로 생각하고, 변화를 위한 결단을 내리는 것을 의미합니다. 성찰하는 교사가 자기 자신을 객관적으로 볼 수 있는 교사입니다. 성찰하는 교사가 계속적으로 성장하고 성숙할 수 있는 교사입니다. 그래서 성찰하는 교사와 그렇지 않은 교사는 하늘과 땅 차이가 나게 되는 것입니다.

자기 자신을 성찰하기 위해 저는 7가지 성찰 키워드를 제시하려고 합니다. 7가지 키워드는 바로 '육하원칙'에 '누구를'을 더한 것입니다. '육하원칙'은 '누가', '왜', '언제', '어디서', '무엇을', '어떻게'이고, 여기에 '누구를'을 포함시키면 됩니다. 7가지 성찰 키워드를 토대로 질문을 만들면 자기성찰질문이 만들어집니다. 교사에게 적용하면 교사 자기성찰질문을 만들 수 있고, 목회자에게 적용하면 목회자 자기성찰질문을 만들 수 있고, 부모에게 적용하면 부모 자기성찰질문을 만들 수 있습니다. 교사에게 적용해서 만든 7가지 자기성찰질문은 다음과 같습니다.

1. **누가**: 교사인 나는 누구인가?

2. **왜**: 나는 왜 아이들을 만나고 가르치고 양육하는가?

3. **언제**: 나는 언제 아이들을 만나고 가르치고 양육하는가?

4. **어디서**: 나는 어디서 아이들을 만나고 가르치고 양육하는가?

5. **무엇을**: 나는 무엇을 가지고 아이들을 만나고 가르치고 양육하는가?

6. **어떻게**: 나는 어떻게 아이들을 만나고 가르치고 양육하는가?

7. **누구를**: 나는 누구를 만나고 가르치고 양육하는가?

이 질문들을 분석하면 세 개의 쌍을 만들 수 있습니다. '누가'와 '왜'는 함께 질문할 수 있는 쌍이고, '언제'와 '어디서'는 함께 질문할 수 있는 쌍입니다. 그리고 '무엇을'과 '어떻게'도 함께 질문할 수 있는 쌍입니다. 이 세 개의 쌍으로 이루어진 질문들과 '누구를'에 대한 질문을 매 주일 전날인 토요일 밤에 시간을 내어 스스로에게 던지고 답해 보십시오. 주일이 되어 헐레벌떡 교회로 뛰어나오는 교사가 아니라, 차분하게 성찰하고 준비된 채 교회에 나오는 교사가 되기를 바랍니다.

교사인 나는 누구인가?

이 질문은 교사 정체성에 관한 질문입니다. 교사는 자기 자신이 누구인지를 바로 알고 있어야 합니다. 더 정확히 말하면, 교사는 하나님 앞에 자기 자신이 누구인지를 깨닫고 알고 있어야 합니다.

하나님 앞에서 우리는 죄인입니다. 그러나 우리는 예수 그리스도의 피로 말미암아 구원을 받고 하나님으로부터 의롭다 칭함을 받은 존재입니다. 교사는 신앙인으로서 이 정체성을 반드시 가지고 있어야 합니다. 사실 이 정체성은 교사만 가지고 있는 것이 아닙니다. 우리가 가르치는 교회학교 아이들도 똑같이 가지고 있는 정체성입니다. 신앙의 정체성을 교사나 학습자 모두 동일하게 공유하고 있다는 점을 알고 있어야 합니다.

그리고 또 하나 기억할 점이 있습니다. 국어, 영어, 수학 같은 일반 교과는 교사가 가르치는 내용을 정확히 알고 전문 지식을 가진 권위자이기 때문에 학습자에게 영향력을 행사할 수 있지만, 기독교 교육은 그렇지 않다는 점입니다. 우리가 성경 지식을 정확히 알고 전문 지식을 가진 권위자이기 때문에 학습자들을 가르치고 영향력을 행사할 수 있는 것입니까? 그렇지 않습니다. 성경을 가르치는 교사는 성경 내용을 다 알고 이해해야만 가르칠 수 있는 권한이 주어지는 것이 아닙니다. 기독교 교육에 있어서 삶과 가르침은 분리되어서는 안 됩니다. 따라서 성경의 내용대로 살아가는 자에게만 성경을 가르칠 수 있는 권한이 주어집니다.

이렇게 본다면 과연 어느 누가 자신 있게 성경을 가르칠 수 있을까요? 아무도 없습니다. 게다가 우리는 예수 그리스도에게까지 계속해서 자라 가야 합니다(엡 4:15). 교사는 아이들보다 훨씬 낫기 때문에 가르치게 된 것이 아니라, 너무나 부족하지만 하나님의 은혜로 말미암아 가르치는 자리에 서게 된 것입니다. 따라서 교사도 가르치면서 계속 배우고 성장해 나가야 합니다. 겸손한 자세를 가지고 가르치면서 예수 그리스도에게까지 계속 자라 가야 하는 것입니다. 가르친 대로 살고, 사는 만큼 가르치기 위해 부단히 노력해야 합니다. 그래서 성경을 가르치는 교사는 '가르치는 학습자'(teaching learner), '배우는 교사'(learning teacher)가 되어야 합니다.

이제 누구를(무엇을) 통해 배워야 하는지를 잠시 살펴보겠습니다. 첫째, 하나님으로부터 배워야 합니다. 말씀과 기도를 통해 하나님과 교제하면서 진정한 우리의 스승 되신 하나님께로부터 끊임없이 배워야 합니다. 둘째, 교육에 대한 전문적인 책과 강의를 통해 배워야 합니다. 교육의 이론과 실제에 관한 전문 서적들을 보면서 공부하고, 유튜브 등을 통해 전문적이고 좋은 강의를 보고 들으면서 배워야 합니다. 셋째, 우리가 가르치는 아이들을 통해 배워야 합니다. 이것은 교육 패러다임의 전환을 의미합니다.

전통적인 교육에서 아이들은 일방적으로 배워야 하는 존재인데, 기독교 교육에서는 아이들을 존중하면서 아이들로부터 배워야 합니다. '가르치는 학습자', '배우는 교사'가 되기 위해서는 아이들로부터도 배워야 합니다. 그래서 교사와 아이가 함께 교육의 현장에서 서로 배우면서 함께 성장하는 '성장 교육'(growth education)이 이루어져야 합니다. '아이들로부터 배울 수 있다'는 마음을 가지고 있을 때 아이들을 진정으로 존중할 수 있습니다.

그리고 배우려고 하는 사람은 쉽게 매너리즘에 빠지지 않습니다. 배운다는 것은 자신에게 의미 있는 것이며 자신에게 이익이 되기 때문입니다. 혹 "아이들로부터 무엇을 배울 수 있겠습니까?"라고 말하는 분이 있을 것 같습니다. 생각해 보십시오. 아이들로부터 배울 수 있는 것이 얼마나 많습니까? 예를 들어, 스마트폰의 여러 기능을 우리가 더 잘 사용할까요, 아니면 아이들이 더 잘 사용할까요? 당연히 우리 아이들입니다. 아이들은 스마트폰의 다양한 기능을 정말 잘 알고 사용합니다.

이처럼 교육 현장에서 아이들의 이야기를 잘 듣고 배울 점을 찾아야 합니다. 저는 현재 교수로서 대학생들과의 수업을 마친 후에 마지막 부분에 이렇게 말합니다. "오늘 수업을 통해 저도 많이 배웠습니다!"

나는 왜 아이들을 만나고 가르치고 양육하는가?

이 질문은 교사로 사역하는 이유를 점검하는 질문입니다. 그리고 이 질문에 대한 적절한 답은 바로 하나님과의 관계에서의 답이어야 합니다. 어떤 교사는 교사가 된 이유가 너무나 인간적입니다. "저는 친구 집사가 아동부에 있어서 아동부 교사가 되었어요", "저는 중고등부 부장님이 교사가 부족하다고 사정해 어쩌다가 하게 되었어요", "저는 유치부에 아는 언니가 치킨을 사 주면서 교사로 섬기자고 해서 치킨 먹다가 교사가 되었어요", "저는 우리 아이가 지금 아동부에 다니고 있어서 우리 아이도 볼 겸 아동부 교사가 되었어요." 이런 이유로 교사가 된 분들이 어느 교회에나 꽤 있을 것입니다. 그런데 이러한 답은 결코 하나님과의 관계에서 답이 될 수 없습니다. 오히려 이러한 답은 하나님과의 관계에서 부끄러운 답이 됩니다.

이 글을 읽고 있는 어떤 교사는 이렇게 말할 것입니다. "저도 치킨 먹다가 교사가 되었어요. 저도 우리 아이 보려고 우리 아이가 다니는 부서 교사가 되었어요. 그럼 이제 교사 그만해야 되나요?" 이렇게 말하는 교사가 있다면 정말 잘못된 적용입니다. 이제부터 하나님과의 관계에서 답을 찾아 나가면 되는 것입니다. 하나님의 사전에 우연은 없습니다. 우리가 우연히 교회학교 교사가 된 것이 아닙니다. 하나님의 뜻과 섭리가 있습니다. 그렇기 때문에 하나님이 나에게 맡겨 주신 교사직을 성직으로 생각하고, 매주 자기 자신을 성찰하면서 하나님이 나를 교사로 세우신 이유, 내가 교사로 사역하는 이유를 찾아 나가고 확인해야 합니다.

나는 언제 아이들을 만나고 가르치고 양육하는가?

이 질문에 대다수의 교회학교 교사들은 "주일 오전입니다"라고 답할 것입니다. 주일 오전에 아이들을 만나서 가르치지 않는 교회학교 교사는 아무도 없을 것입니다. 교회학교 교사라면 누구나 주일 오전에 아이들을 만나고 가르치고 양육합니다. '성찰'이라는 것은 자신의 부족한 점을 찾는 것입니다. 그렇다면 이 성찰적 질문에 대한 답은 '주일 오전' 이외에 아이들을 만나고 가르치고 양육하는 시간이 있어야 한다는 것입니다. 주중에 아이들에게 신앙적인 영향을 주는 시간이 있어야 한다는 것입니다.

일주일은 168시간입니다. 168시간 중에서 아이들에게 신앙적인 영향을 주는 시간이 고작 주일 2-3시간에 불과하다면 아이들의 실제적인 삶의 변화를 기대하기란 힘듭니다. 교사가 주일에 가르친 공과 내용을 가지고 주중에 아이들에게 신앙적인 영향을 주지 않더라도 아이들 스스로 자기 삶의 영역에 그 공과 내용을 적용할 것이라고 기대해서는 안 됩니다.

우리 아이들은 교회에서 밥을 먹을 때 기도합니다. 교회에 다니는 아이들이 다 기도하니까 그 문화 속에서 자연스럽게 기도하게 됩니다. 그러면 이 아이들이 학교에 가서도 과연 기도할까요? 소수의 아이들만 기도할 것입니다. 왜냐하면 학교에서는 교회에 다니지 않는 아이들이 다수라서 기도하는 것을 부담스러워할 것이기 때문입니다. 우리 아이들에게 '신앙 따로, 삶 따로'의 현상이 발생하게 되는 것입니다. 교회에서는 신앙인의 삶을 살아가고, 학교에서는 믿지 않는 아이들과 별반 차이 없는 삶을 살아가는 것입니다.

이와 비슷한 또 하나의 예를 들어 보겠습니다. 교회에 다니는 우리 아이들은 일상생활 속에서 보통의 청소년들이 쉽게 쓰는 거친 말이나 상스러운 말을 사용하지 않고 하나님이 기뻐하시는 언어생활을 하며 살까요? 오랜 시간 동안 다음 세대 사역을 했던 저로서는 이에 대해서 긍정적인 답변을 하기 힘듭니다.

이제 교사들은 주일 오전에 아이들을 만나서 공과를 가르쳤다는 것만으로 기독교 교육을 다 했다고 생각하면 안 됩니다. 주중에 아이들과 만나서 신앙적인 영향을 주고, 일상생활 속에서 배운 말씀을 실천해 나갈 수 있도록 아이들에게 힘을 불어넣어 주어야 합니다. 지금과 같은 코로나19 기간에는 오히려 기회일 수 있습니다. 코로나19의 위협으로 인해서 아이들의 인간관계의 폭이 확연히 줄어들었습니다. 친구들과 만나는 횟수와 시간이 많이 줄었습니다. 그래서 아이들이 시간을 내려고 마음만 먹으면 언제든 시간을 내어 교회학교 교사들을 만날 수 있는 상황입니다. 현장에서 만날 수 없다면 온라인 플랫폼이 다양하게 활용되고 있으므로 아이들이 익숙하게 사용하고 있는 온라인 플랫폼을 통해 아이들을 만나 심방하고 교제하며 신앙적인 영향을 줄 수 있습니다.

나는 어디서 아이들을 만나고 가르치고 양육하는가?

이 질문에 대해서도 대다수의 교회학교 교사들은 "교회에서 만납니다"라고 답할 것입니다. 앞선 질문과 연결해서 답하면, "주일 오전에 교회에서 만납니다"가 될 것입니다. 주일 오전에 교회에서 아이들을 만나고 가르치고 양육하지 않는 교사는 아무도 없을 것입니다. 그렇다면 이 질문은 주일 오전에 교회에서 아이들을 만나고 가르치고 양육하는 것 이외에 주중에 교회 외 다른 장소에서 아이들을 만나고 가르치고 양육하고 있는지에 대해 점검하는 성찰적 질문인 것입니다.

교사는 주중에 교회 외 다른 장소에서 아이들을 만나야 합니다. 어디서 만나면 좋을까요? 제일 좋은 답은 바로 아이들의 삶의 동선에서 만나는 것입니다. 한마디로, '동선 심방'이 필요합니다. 예를 들어, 아이들의 일상에서 삶의 동선이 학교-학원-집이라면 학교에서 학원으로 가는 동선에서, 학원에서 집으로 가는 동선에서 아이들을 만나는 것입니다. 철저하게 아이들을 배려하는 심방으로, 아이들에게 맞춰 주는 모습을 보이는 것입니다.

학교에서 학원으로, 학원에서 집으로 같이 가면서 아이들을 만나 살아가는 이야기를 간단히 듣고, 격려하고 위로하고 응원해 줍니다. 중요한 것은 아이들로 하여금 선생님이 나에 대해 관심을 가지고 있고, 나를 소중하게 생각하고 있다는 것을 느끼게 해 주어야 합니다.

보통 '심방' 하면 '결석자 심방'만 생각합니다. 하지만 저는 심방의 핵심은 '감동'이라고 확신합니다. 그렇다면 결석자 심방을 통해서는 아이들에게 감동을 주기가 쉽지 않습니다. 3주 동안 교회에 나오지 않은 아이를 찾아가면 그 아이는 선생님을 보고 반가워하는 것이 아니라 민망해할 것입니다. 그리고 선생님을 보자마자 "네, 그동안 교회에 못 나가서 죄송해요. 다음 주에 교회에 나갈게요"라고 말할 것입니다. 그 심방은 교사가 아이를 찾아간 의도가 노출되었기 때문에 당연히 감동을 줄 수가 없습니다.

생일에 누군가가 나에게 어떤 선물을 줄지 다 알고 있다면 그 선물을 받을 때 고맙기는 해도 감동은 없을 것입니다. 그런데 예기치 못한 선물을 누군가로부터 받는다면 큰 감동이 됩니다. 심방도 이와 같아야 합니다. 그런 면에서 일상적 심방이 중요합니다. 불과 며칠 전 교회에서 만났는데도 교사가 학생을 학교 앞에서 만난다면, 그 학생은 교사를 보자마자 "우와~, 선생님! 여기는 어쩐 일이세요?"라고 하며 반갑고 놀라운 반응을 보일 것입니다. 그때 교사가 "너 만나려고 왔지"라고 말하면 아이는 어떤 반응을 보일까요? 분명 "진짜요? 감동이에요, 선생님"이라고 반응할 것입니다. 이것이 결석자 심방도 필요하지만, 일상적인 심방에 신경을 많이 써야 하는 이유입니다.

대면으로 아이들을 만나기가 힘든 상황 속에서는 온라인 공간에서라도 아이들을 만나 신앙적인 영향을 주면 됩니다. 예를 들어, 카카오톡 반 단톡방에 교사가 매일 성경 구절을 올리고 아이들이 묵상하고 깨달은 점을 짧게라도 올리게 할 수 있습니다. 또한 일상생활 속에서 순간순간 발생하는 기도 제목(예를 들어, '지금 공부가 잘 안돼요', '머리가 아파요', '친구와 말다툼해서 마음이 안 좋아요' 등)을 올리게 하는 방법도 좋습니다. 우리 반 아이들끼리 올라온 기도 제목을 보자마자 어디에 있든지 30초에서 1분 정도 그 기도 제목을 가지고 중보 기도 하기로 약속하는 것입니다. 이 같은 신앙적 교제와 교육을 시도해야 합니다. 교회 외 다른 공간에서도, 주중에도 아이들을 만나고 가르치고 양육하는 영향력 있는 교사가 되어야 합니다.

나는 무엇으로 아이들을 만나고 가르치고 양육하는가?

이 질문은 교육 커리큘럼에 대해서 성찰하는 질문입니다. 교육에 있어서 중요한 것은 교육 커리큘럼입니다. 어떤 교재로, 어떤 교육 과정을 가지고 아이들을 가르치고 양육하는지에 대해 성찰하는 것입니다. 이 질문에 대해서 대다수의 교사들은 "'성경'을 가지고 아이들을 만나고 가르치고 양육합니다"라고 답할 것입니다. 사실 이것이 정답입니다. 교사는 성경을 가르치는 사람이고, 성경이 교육 교재이며, 성경에 나오는 내용을 가르치는 것이 바로 교육 과정입니다.

그런데 정말 이 답대로 하고 있는지를 성찰해 보아야 합니다. 우리는 성경을 가르친다고 말하지만, 실제 아이들에게 공과 교육을 하는 시간을 객관적으로 분석해 보면 아이들과 잡담하는 시간이 더 많을 때가 있습니다. 어떤 교사는 아이들의

어쩌다 교사

눈높이를 맞추느라 연예인 이야기, 아이돌 그룹 이야기를 하다가 시간을 다 보내는 경우도 있습니다. 또 어떤 교사는 회식메뉴를 정하다가 시간이 다 가기도 합니다. 어떤 교사는 아이들의 삶의 이야기를 다 들어 주다가 정작 성경 말씀은 가르치지 못합니다.

아이들의 이야기를 들어 주고, 아이들이 좋아하는 텔레비전 프로그램 이야기를 하고, 아이들이 따라다니는 연예인, 아이돌 그룹에 대해 이야기하는 것은 다 성경을 잘 가르치기 위한 준비 단계로, 아이들의 마음 문을 열기 위한 방법입니다. 우리의 궁극적인 목표는 아이들에게 눈높이를 맞추고 마음 문을 열게 해 그들에게 하나님의 말씀인 성경을 가르치는 것입니다. 교회학교 교사는 성경 교사이고, 하나님의 말씀인 성경을 가르치고, 하나님의 말씀대로 아이들을 양육하는 사람임을 잊지 말아야 합니다.

나는 어떻게 아이들을 만나고 가르치고 양육하는가?

이 질문은 아이들을 가르치고 양육하는 방법과 아이들이 교육받고 있는 환경에 대해서 성찰해 보는 질문입니다. 과거의 교육은 교육 커리큘럼, 즉 무엇을 가르치는지가 중요했습니다. 그러나 요즘은 무엇을 가르치는지보다 어떻게 가르치는지가 더 중요해졌습니다. 왜냐하면 우리가 만나고 가르치고 양육하는 아이들이 '무엇을'보다 '어떻게'에 더 많은 관심을 가지기 때문입니다. 즉 우리 아이들은 '내용'보다 '형식'에 더 관심이 있습니다. 그래서 형식이 마음에 들어야 내용을 받아들입니다.

예를 들어, 청소년들에게 아무리 좋은 내용의 설교를 전한다 해도 '말을 통한 전달'이라는 형식만 사용한다면 이내 싫증을 느끼고 잠을 자게 될 것입니다. 그러나 '영상을 통한 전달'이라는 형식을 함께 사용한다면 어떨까요? 아이들의 문화 형식에 맞기에 그들은 집중해서 그 영상을 보며 하나님의 말씀을 귀 기울여 듣게 될 것입니다.

'어떻게'에 해당하는 성찰의 내용을 한마디로 정리하면, 교육 방법과 교육 환경에 대해 성찰하는 것입니다. 교회학교 교사들이 주로 사용하는 교육 방법은 너무나 제한적입니다. 강의법, 질문법, 스토리텔링 정도의 방법을 사용합니다. 하지만 실제 교육 현장에서 사용할 수 있는 교육 방법은 너무나 다양합니다. 예술적 방법, 체험 학습, 묵상법, 비유법, 토의 및 토론법, 협동 학습, 집단 탐구법, 행동 반성법, 역할극, 인간관계 훈련법, 놀이법, 문제 해결 방법, 봉사활동, 센터 학습, 시청각 교육법 등이 그 예입니다. 이처럼 다양한 교육 방법이 교육 현장에서 역동적으로 사용될 수 있습니다.

교육 방법에 대해 성찰한다는 것은 아이들의 눈높이에 맞추기 위해 노력하는 것입니다. 우리가 아무리 성경을 열심히 가르쳐도 아이들이 전혀 듣지 않는다면, 다 자고 있다면 아무 소용이 없습니다. 그래서 교육의 내용을 아이들에게 잘 전달하는 형식, 즉 교육 방법을 연구하고 사용하는 것입니다.

연령대별로, 수준별로 맞는 교육 방법이 있습니다. 예를 들어, 내가 가르치는 아이들의 숫자가 많거나 정보를 전달할 때는 강의법이 효과적이고, 이미 내용을 잘 알고 있는 아이들이 많다면 토론법이 효과적입니다. 사물을 통한 체험을 강조하는 예술적 방법은 유치부 아이들에게 효과적이고, 동화구연식 스토리텔링은 유년부 아이들(초등학교 저학년)에게 좋습니다. 함께하는 협동 학습이나 집단 탐구법은 초등부 아이들(초등학교 고학년)에게 효과적이고, 친구와의 관계가 중요한 인간관계 훈련법은 중등부 아이들에게, 성찰이 필요한 행동 반성법이나 문제해결 방법은 고등부 아이들에게 각각 효과적입니다.

교육 방법의 이론과 실제에 대한 관심, 아이들에게 맞는 새로운 교육 방법에 대한 공부, 다양한 교육 방법의 활용이 교사들에게 필요합니다.

뿐만 아니라 교육 환경에 대해서도 관심이 있어야 합니다. 아이들이 학습하고 있는 교육 환경에 대한 성찰이 너무나도 필요합니다. 20-30년 전 교회교육의 환경은 큰 공간에 장의자를 놓고 앉아 예배드리고, 그 공간에 흩어져서 공과 공부를 진행하는 식이었습니다. 4차 산업혁명을 이야기하는 지금은 어떠합니까? 지금도 많은 교회의 교회교육 환경은 그때와 별반 차이가 없습니다. 문제는 우리 아이들의 학교 교육 환경은 완전히 변화되었다는 것입니다.

20-30년 전, 학교의 교육 환경과 교회의 교육 환경을 비교해 보면 비슷했고, 오히려 교회의 교육 환경이 조금 더 나았습니다. 하지만 지금은 교회의 교육 환경이 학교의 교육 환경을 따라가지 못하고 있습니다. 학교의 교육 환경을 보면, 책상이나 의자도 학생들이 편리하게 공부하도록 구성되어 있습니다. 시골의 작은 학교에도 반마다 대형 텔레비전이 설치되어 있습니다. 심지어 학교에 페인트를 새로 칠할 때도 학생들의 학습 집중도를 높일 수 있는 색이 무엇인지를 연구하면서 색 선정을 하기까지 합니다.

어떤 사람들은 재정이 충분해야 교육 환경에 투자할 수 있고 아이들이 원하는 교육 환경을 구성할 수 있다고 말할지 모릅니다. 그러나 교육 환경은 돈의 문제가 아니라, 관심의 문제입니다. 의자 배치, 강대상의 위치, 교육 공간의 온도, 형광등 같은 조명의 배열과 위치 등도 교육 환경 구성 요소에 들어갑니다. 의자 배치만 바꿔도 변화를 줄 수 있고 아이들이 좋아하는 교육 환경을 구성할 수 있습니다. 조명 색깔만 바꿔도 아이들이 설교에 집중하는 교육 환경을 구성할 수 있습니다.

이제부터 교사들은 아이들이 예배드리고 공과 교육을 받는 교육 환경에 대해 관심을 가져야 합니다. 그리고 할 수 있는 부분부터 조금씩 바꾸어 가는 노력을 해야 합니다.

나는 누구를 만나고 가르치고 양육하는가?

이 질문은 내가 만나고 가르치고 양육하고 있는 아이들이 누구인지, 그들을 제대로 알고 있는지에 대해 성찰해 보는 질문입니다.

우리가 누군가를 사랑하게 되면 당연히 사랑하는 그 대상에 대해 관심을 가지게 됩니다. 관심을 가지면 그 대상을 알아 가기 위해 노력하게 됩니다. 사랑의 구체적인 증거는 대상에 대한 관심과 앎입니다. 따라서 내가 만나고 가르치고 양육하는 아이들을 진정으로 사랑한다면 그 아이들에게 관심을 가지게 되고, 그 아이들을 알기 위해 노력하게 됩니다. 아이들을 알기 위해서는 아이들과 이야기를 많이 나누어야 하고, 같이 있는 시간을 많이 가져야 하며, 아이들을 알기 위해 공부도 해야 합니다.

아이들을 알기 위해서는 세 부분의 앎이 필요합니다. 첫 번째는 지적인 부분, 두 번째는 심리적인 부분, 세 번째는 문화적인 부분입니다.

우리 아이들은 계속 성장하는 중이기에 머리가 발달하고 있습니다. 그러므로 교사는 자신이 맡고 있는 아이들이 어떠한 지적 성장을 이루고 있으며, 어떤 지적인 관심을 가지고 있는지 알고 있어야 합니다.

뿐만 아니라 우리 아이들은 계속 마음이 성장하고 있으며 감정이 발달하고 있습니다. 따라서 교사는 내가 맡고 있는 아이들이 지금 어떤 마음 상태를 가지고 있으며, 감정적인 부분에서 어떠한 어려운 부분이 있는지, 지금 연령대에 어떠한 심리적 발달 과제를 안고 있는지 알고 있어야 합니다.

또한 우리 아이들은 혼자 생활하는 것이 아니라, 학교와 학원에서 또래 아이들과 함께하고 있기 때문에 아이들의 문화를 아는 것이 중요합니다. 문화는 공유된 신념, 가치, 철학, 삶의 스타일, 관심사입니다. 교사는 우리 아이들이 함께 공유하고 있는 신념과 가치와 철학이 무엇인지, 비슷한 삶의 스타일과 관심사가 무엇인지를 이해하고 있어야 합니다. 특히 요즘 우리 아이들의 문화를 이해하기 위해서는 아이들이 많이 보는 영상, 많이 듣는 음악, 많이 하는 게임을 분석해 보아야 합니다.

교사는 아이들의 문화를 이해하고 분석하며, 더 나아가 아이들이 더 좋고 건전한 문화를 형성할 수 있도록 아이들의 문화에 선한 영향을 주는 문화 변혁자의 역할까지 감당할 수 있어야 합니다.

지금까지 살펴본 7가지 성찰 키워드를 가지고 만든 교사성찰질문을 스스로에게 던지면서 매주 성찰하는 교사, 아니 생각이 날 때마다 끊임없이 성찰하는 교사가 되기를 소망합니다. 성찰하는 교사는 계속 성장하고 성숙하는 교사가 될 것이고, 하나님이 기뻐하시는 교사가 될 것입니다.

Part 02.

그럼에도, 교사

이왕이면 좋은 교사이고 싶다

4

먼저

예배자로 서고 싶다

○

교사는 예배를 잘 드리는 사람이
되어야 합니다. 교사는 일반 성도들보다 더
욱 예배를 소중히 여기고 사랑하는 사람이
되어야 합니다. 그런데 안타까운 점은 예배
를 중히 여기지 않는 교사들이 있다는 것입
니다. 아이들에게는 "예배가 제일 중요하니
까 주일에 학원 가지 말고 예배에 빠지지 마
세요"라고 강조하는 이들이 정작 본인에게
는 적용하지 못하는 것입니다.

교회의 사정에 따라 다르지만, 일반적인
교회에서 교사들은 1부 예배를 드립니다.
먼저 예배를 드리고 교회학교 교사로 봉사

하는 자리로 가기 위해서입니다. 그런데 그 예배가 형식화되는 경우를 많이 봅니다. 일단 집에서 일찍 나와서 예배를 드리기 때문에 피곤해서 잠이 오는 경우입니다. 여기에 속하지 않은 교사들에게는 죄송하지만, 많은 교사가 1부 예배를 드릴 때 졸거나 형식적으로 앉아 있어 정말 안타깝습니다. 심지어 저는 1부 예배를 드리는 중 설교를 들으면서 그날 아이들에게 가르칠 내용을 준비하는 교사들도 보았습니다. 이러한 모습은 예배를 소중히 여긴다고 볼 수 없습니다. 예배가 형식화되어 있고 아이들에게 본이 되지 못하는 모습입니다.

더 안타까운 것은 1부 예배를 마치고 교사 모임 후 교회학교 예배가 시작되었는데 교회학교 예배를 드리러 들어가지 않는 교사들이 있다는 것입니다. 교회학교 예배는 아이들이 드리는 예배이고, 담당 교역자가 전하는 설교는 아이들이 들어야 하는 설교라고 은연중에 생각하고 예배에 빠지는 교사들이 있습니다.

유치부 예배든, 아동부 예배든, 청소년부 예배든, 청년부 예배든, 장년부 예배든 전부 똑같은 대예배입니다. 한국 교회에서 성인 예배만 '대예배'라고 표현하는데, 그것은 잘못된 말입니다. 모든 예배가 대예배입니다. 왜냐하면 예배의 본질은 성인 예배나 교회학교 예배나 똑같기 때문이고, 모든 예배에 하나님이 역사하시기 때문입니다.

교사는 한 예배, 한 예배를 소중히 여겨야 합니다. 자신이 참여하는 성인 예배도 소중히 여기고, 섬기는 교회학교 예배도 소중히 여겨야 합니다. 그리고 어느 예배 자리에 있든지 집중해서 예배를 드리는 사람이 되어야 합니다. 교회학교 예배를 드릴 때 교사 역시 아이들과 똑같이 예배드리는 사람입니다. 예배를 드릴 때 사회를 보거나 찬양대 지휘를 하거나 봉사를 해도 모두가 다 예배드리는 사람입니다. 말씀을 전하는 교역자도 예배드리는 사람입니다. 한 명도 예외는 없습니다.

하나님은 예배자를 찾으십니다. 예배를 잘 드리는 사람을 찾으십니다. 왜냐하면 예배가 신앙생활의 기본이고, 핵심이고, 우선순위이기 때문입니다. 신학자 칼 바르트(Karl Barth)는 "인간이 살아가면서 하는 행동 중에 가장 중요하고, 가장 긴급하며, 가장 영광스러운 행동이 바로 예배"라고 말했습니다.

저는 예배란 성부 하나님이 우리를 만들어 주신 창조의 은혜와 성자 예수님이 우리의 모든 죄를 용서해 주신 구원의 은혜와 성령 하나님이 우리와 언제나 함께하시고 우리를 지키시고 보호하시고 인도하시는 은혜에 반응해서 성부, 성자, 성령 삼위일체 하나님께 간절한 마음으로 올려 드리는 감사와 찬양과 영광의 공식적 의식이라고 정의 내립니다. 이러한 예배의 정의를 정확히 마음에 새기고 모든 예배를 간절하게 드려야 합니다. 지금과 같은 코로나19 시기에 온라인 예배가 일상화된 시점에서는 더더욱 이러한 예배의 정의를 교사들과 아이들이 인식하면서 최선의 예배를 하나님께 드려야 합니다.

어쩌다 교사

보다 즐겁게 예배

예수님은 "아버지께 참되게 예배하는 자들은 영과 진리로 예배할 때가 오나니 곧 이때라 아버지께서는 자기에게 이렇게 예배하는 자들을 찾으시느니라"(요 4:23)라고 말씀하셨습니다. 예수님은 예배의 공간보다는 예배의 시간에 대해 강조하셨습니다. 삶의 최우선 순위가 예배가 되어야 한다는 의미입니다. 진정으로 예배를 잘 드리는 교사가 되기 위해서는 하나님께 예배드리는 시간을 내어 드리고 그 시간을 소중히 여겨야 합니다.

교사는 주일 예배에 빠지면 안 됩니다. 피곤하다고 빠지면 안 됩니다. 공과 준비를 해야 한다고 빠지면 안 됩니다. 그리고 주일 오후 예배나 저녁 예배도 드려야 합니다. 주중에 수요 예배도 드려야 합니다. 그리고 집에서 가정 예배도 드려야 합니다. 더 중요한 것은 그 예배를 즐기는 것입니다. 억지로 하면 아무 소용없습니다. 다윗은 "주의 말씀의 맛이 내게 어찌 그리 단지요 내 입에 꿀보다 더 다니이다"(시 119:103)라고 노래했습니다. 성경을 읽는데, 그 말씀이 얼마나 단지 내 입에 꿀보다 달다고 한 것입니다. 다윗은 억지로 하나님의 말씀을 읽고 묵상한 것이 아니라, 그 말씀이 꿀보다 달기 때문에 너무 좋아서 읽고 묵상했습니다.

각각 그 마음에 정한 대로 할 것이요 인색함으로나 억지로 하지 말
지니 하나님은 즐겨 내는 자를 사랑하시느니라 고후 9:7

우리가 헌금할 때 마땅한 자세는 '즐겁게'입니다. 하나님은 즐겁게 헌금하는 자의 헌금을 받으십니다. 예배도 마찬가지입니다. 억지로가 아니라 즐겁게, 자발적으로 예배를 드려야 하나님이 받으시고, 예배드리는 자에게도 큰 기쁨과 은혜가 있습니다. 예배의 즐거움을 아는 자만큼 행복한 사람은 없을 것입니다. 예배를 소중히 여기며 예배드리는 시간을 기꺼이 하나님께 내어 드리는 자를 하나님은 절대로 버려두지 않으십니다. 그의 삶의 길을 인도해 주시고 은혜로 채우십니다.

코로나19로 인해서 온라인 예배가 일상화되었습니다. 대면 예배냐, 온라인 예배냐 등 장소의 문제가 중요한 것이 아닙니다. 하나님께 시간을 내어 드려 참되게 예배하는 것이 중요합니다. 우리는 자발적이고 즐거운 마음으로 간절히 하나님께 감사와 찬양과 영광을 올려 드리는 예배를 드려야 합니다.

온라인 예배는 컴퓨터 앞에서, 스마트폰 앞에서 드리기 때문에 집중력이 분산되기가 쉽습니다. 혼자 방 안에서 드릴 수 있기에 자세가 흐트러집니다. 그렇기 때문에 사실 온라인 예배를 잘 드리기란 대면 예배를 드리는 것에 비해 훨씬 어렵습니다. 따라서 지금이야말로 내가 진짜 예배자인지, 아닌지를 가늠해 볼 수 있는 시간이고, 참된 예배자가 되기 위한 훈련을

집중적으로 할 수 있는 때입니다. 온라인으로 예배를 온전히 드릴 수 있는 사람이라면 진짜 예배자라고 말할 수 있을 것입니다.

그리고 아이들과 함께 온라인 예배를 드리는 경우, 같은 시간에 온라인이라는 공간에 모여서 드려야 합니다. 앞서 예배의 정의에서 언급했듯이 예배는 '공식적' 의식입니다. '공식적'이 되기 위해서는 공동체가 같은 시간에 같은 장소에 모여야 합니다. 예를 들어, 어떤 회사는 출근한 후 점심을 10시에 먹어도 되고, 11시나 12시에 먹어도 되고, 늦으면 퇴근 전 4시에 먹어도 된다면 이 회사의 점심시간은 비공식적이라고 할 수 있습니다. 왜냐하면 직원들이 아무 때나 구내식당에 가서 식사를 하면 되기 때문입니다. 반면에 어떤 회사는 점심시간이 12시로 정해져 있고 직원들이 구내식당에 다 함께 모여서 식사를 한다면 그 회사의 점심시간은 공식적이라고 할 수 있습니다. 왜냐하면 공동체 구성원들이 같은 시간에 같은 자리에 모이기 때문입니다.

마찬가지로 온라인 예배가 공식적 의식이 되기 위해서는 교회 공동체 구성원들이 같은 시간에 온라인이라는 공간에 같이 모여야 합니다. 그래서 아이들과 함께 드리는 온라인 예배는 녹화가 아닌 실시간으로 드려야 하고 출석 체크도 해야 합니다.

교회학교 아이들이 예배를 사모하고 예배를 잘 드리는 아이들이 되기를 원한다면 교사가 먼저 예배를 사모하고 예배를 잘 드려야 하는 것은 당연합니다. 가까운 지인 중에 예배를 잘 드리기 위해 직장을 그만둔 집사님이 있습니다. 그분은 그 회사에 꽤 오래 있었고 수입도 괜찮아 안정적인 직장생활을 하고 있었습니다. 그런데 갑자기 회사의 정책이 바뀌어서 주일에도 직장에 출근할 수밖에 없는 형편이 된 것입니다. 이런 상황이 닥치면 믿는 사람들은 대개 고민하다가 결국 하나님과 타협하게 됩니다. 예를 들면, 경제적인 안정이 중요하니까 직장을 포기하지 못합니다. 대신에 주일에 퇴근하고 저녁 예배만 참여하거나 혹은 수요 예배만 참여하겠다고 하나님과 타협합니다.

그런데 집사님은 가족과 회의 끝에 과감하게 직장을 포기했습니다. 안정된 직장을 그만두자 경제적으로 어려워졌습니다. 취업난이 심해 새로운 직장을 잡기가 힘들었습니다. 그분은 비정규직 일을 하면서 지금까지도 정규직 자리를 찾고 있습니다. 그렇지만 주일에 열심히 예배드리고 교회학교 교사 직분을 감당하며 참된 행복을 누리고 있습니다. 저는 역전의 하나님이 집사님에게 반드시 복을 주실 것이고, 가장 큰 은혜로 채워 주실 것이라고 믿습니다.

교사는 예배를 삶의 우선순위로 귀히 여겨야 합니다. 예배의 은혜와 감격 속에 살고 그 은혜를 아이들에게 나누어 주어야 합니다. 교사가 먼저 스스로 예배를 잘 드릴 때 아이들에게 예배를 잘 드리라고 말할 수 있게 되는 것입니다.

보다 집중해서 예배

우리는 하나님께 부르짖는 마음으로 예배 가운데서 하나님을 찾아야 합니다(렘 33:3). 또한 대충이 아니라 온 마음으로 하나님을 찾으면 하나님이 만나 주신다고 성경은 말합니다(렘 29:13). 전심으로 집중해서 예배를 드리면 하나님이 예배 가운데서 우리를 만나 주십니다.

하나님은 영이시기 때문에(요 4:24) 눈에 보이지 않으십니다. 따라서 간절히 집중하지 않으면 하나님을 만나기가 힘들어집니다. 예배드리면서 머릿속에 이 생각, 저 생각, 걱정, 근심, 딴 생각이 가득하면 안 됩니다. 간절함으로 집중해서 예배 중에 기도하고 찬양할 때 성령님이 주시는 뜨거운 열정이 솟아나야 하고, 설교를 들을 때 하나님의 말씀으로 들려야 합니다. 그때 비로소 삼위일체 하나님 안에서 예배드리는 진정한 예배자가 됩니다. 아이들은 교사를 닮게 되어 있습니다. 교사가 예배를 집중해서 드리지 못한다면, 하나님을 간절히 찾지 못한다면 아이들도 똑같이 예배를 제대로 드리지 못하게 될 것입니다.

한 교회에서 사역할 때 정말 모델이 되는 선생님을 만났습니다. 그분은 모든 공예배에 참여하고 청소년부 예배도 누구보다도 더 집중해서 간절히 예배드리는 분이었습니다. 제가 청소년부에서 설교할 때 그분은 항상 오른쪽 앞에 앉았는데, 예배를 얼마나 열심히 드리고 청소년부 설교에 집중하던지 제가 감탄할 지경이었습니다. 저는 아이들의 눈을 바라보며 설교를 하다가도 종종 그 선생님을 보았습니다. 선생님의 집중하는 얼굴을 보며 더 힘을 내서 설교를 했던 기억이 있습니다.

당시 예배 시간에 휴대전화를 만지고 딴짓하기 쉬운 청소년들에게는 그 선생님이 정말 기쁜 마음으로 예배를 드리고 말씀 듣는 것을 즐기는 모습 그 자체가 중요한 예배 교육이 되었습니다. 기독교 교육에서 중요한 교육 방법이 바로 '모델링'입니다. 교사가 아이들의 모델이 되는 것입니다. 교사가 아이들에게 예배의 모델이 되어서 집중해서 예배를 드린다면 아이들이 그 모습을 보고 도전을 받아 교사를 따라 집중해서 예배를 드리게 될 것입니다. "예배 잘 드리세요", "예배 시간에 졸지 마세요", "예배 시간에 휴대전화 만지지 마세요" 등 잔소리를 하면서 지치지 말고, 먼저 교사가 예배자로서 집중해서 예배드리면 됩니다. 아이들에게 예배의 모범을 보여 주어야 합니다.

교사는 교회학교 부서 안에서 온전한 예배자가 되어 집중해서 예배드리고 담당 교역자가 전하는 하나님 말씀에 은혜를 받고, 아이들은 그러한 교사의 모습을 보면서 도전을 받아 온전한 예배자가 된다면 그 부서는 반드시 성장하고 성숙할 것입니다. 교회학교의 부흥은 곧 예배의 부흥입니다. 부서 안에 교사와 아이들 모두가 온전한 예배자로 세워지기를 소망합니다.

어쩌다 교사

받은 은혜를 흘려 나누자

동료 교사들과 함께 주일 오전 예배 때 들은 설교 말씀을 가지고 나누는 시간을 가지면 좋습니다. 이것은 교사 회의 때나 교사 기도회 때 하는 것이 아닙니다. 주중에 따로 한 번 만나는 모임입니다. 물론 직장에 다니는 교사들이 있기에 전원 참석은 어렵고 출석을 강요할 수는 없을 것입니다. 여건이 되는 교사들끼리 주중에 만나서 지난 예배 때 들은 설교 말씀에 대해 느낀 점과 적용점을 나누면 정말 풍성한 은혜가 채워질 것이고, 예배에 더 집중할 수 있게 될 것입니다.

요즘과 같은 시대에는 온라인이라는 도구가 있기 때문에 직접 대면이 힘들면 줌(ZOOM)과 같은 온라인 플랫폼에서 만나면 됩니다. 사실 온라인 플랫폼의 발달로 인해 교사들과 만나기가 더 쉬워졌습니다. 이제는 못 만나는 이유를 대며 핑계할 수 없습니다.

제가 사역했던 한 교회학교에서 이러한 나눔 모임을 시행한 적이 있습니다. 처음 시행할 때 교사들은 부정적인 반응을 보였습니다. 주중에 너무 바빠 만나기가 어렵다는 이유에서였습니다. 그런데 점점 나눔 모임에 참여하는 인원이 많아졌고 나눔이 아주 활발해졌습니다. 교사들은 함께 만나다 보니 더 친해졌을뿐더러 말씀을 나누고 적용한 점을 서로 확인해 주면서 은혜가 더 풍성해졌습니다.

중요한 것은 목회자인 제가 모임 초반에만 관여하고 그다음에는 참여하지 않았다는 것입니다. 목회자가 나눔 모임에 참여하게 되면 교사들이 목회자의 이야기를 듣는 데 신경 쓰느라 각자 깊이 있는 나눔을 하지 못하게 됩니다. 혹시 성경 말씀에 대해 잘못 말할까 봐 걱정되어 편안한 나눔이 이루어지지가 않습니다. 그리고 목회자의 입장에서는 교사들의 대화에 끼어들어 말하기가 쉽고, 그러다 보면 또 다른 설교 시간이 될 수 있습니다. 따라서 목회자는 나눔 모임이 잘 이루어지고 있는지 확인하고 도와주는 역할만 하는 것이 좋습니다.

언젠가 나눔 모임이 활성화되었을 때 저도 모임에 참석해서 교사들을 만나고 싶어졌습니다. 그래서 참여 의사를 밝혔더니, 모임이 잘 운영되고 있으니 오지 말라는 것입니다. 조금 섭섭한 마음이 들었지만, 한편 뿌듯했습니다. 교사들의 마음속에 하나님 말씀이 풍성할 때 아이들에게 선한 영향력을 미칠 수 있습니다.

예배를 최우선으로 아는 교사가 됩시다! 유다 왕들 중에 다윗, 솔로몬, 히스기야, 요시야는 하나님께 칭찬을 많이 받았습니다. 그들은 모두 성전과 관계된 사람들입니다. 다윗은 성전을 짓기 위한 모든 준비를 마쳤고, 솔로몬은 성전을 지었으며, 히스기야와 요시야는 성전을 수리하거나 정결하게 했습니다.

성전이 무엇을 하는 곳입니까? 바로 예배드리는 곳입니다. 하나님은 예배를 소중히 여기고 백성이 하나님께 예배를 잘 드릴 수 있도록 헌신한 왕들에게 복을 주시고 그들을 인도해 주셨습니다. 마찬가지로 하나님은 예배의 중요성을 깨닫고 예배를 간절히 사모하며 드리는 교사에게 은혜 위에 은혜를 더해 주시고, 능력 위에 능력을 덧입혀 주실 것입니다.

5

기본기부터
다시 다지고 싶다

○

어떤 교사가 좋은 교사입니까?
영적인 기본기가 확실한 교사가 좋은 교사
입니다. 영적인 기본기의 핵심은 바로 기도
입니다. 지금과 같이 코로나19로 인해서 교
회학교에 위기가 찾아왔을 때 교사는 더더
욱 기도의 자리로 나아가야 합니다. 교사에
게 있어서 기도는 아무리 강조해도 지나침
이 없습니다. 왜냐하면 기도를 한다는 것은
바로 하나님께 나의 모든 교육 과정을 맡긴
다는 의미이기 때문입니다. 기도를 한다는
것은 나의 능력이 아니라 하나님의 능력을
신뢰하고, 나의 지혜가 아니라 하나님의 지

혜를 신뢰하겠다는 결단입니다.

하나님이 언제 역사하십니까? 바로 하나님만 의시하고 신뢰할 때 역사하십니다. 우리가 잘 아는 팔복 중에 첫 번째는 "심령이 가난한 자는 복이 있나니"(마 5:3)입니다. 여기서 말하는 '가난한 자'는 정말 자기 힘으로는 살아갈 수 없고, 다른 사람이 도와주어야만 살 수 있는 극빈자를 의미합니다. 즉 누군가 도와주지 않으면 죽을 수밖에 없는 사람입니다. 그러므로 하나님이 찾으시는 사람은 바로 하나님이 도와주지 않으시면 단 하루도 살아갈 수 없는, 하나님이 도와주셔야만 살 수 있는 마음 상태와 신앙 상태를 가진 자입니다. 전적으로 하나님만 의지하는 상태를 의미하는 것입니다.

어린아이는 아빠, 엄마 없이는 살아갈 수 없습니다. 아빠, 엄마가 없으면 당장 죽을 수밖에 없습니다. 배가 고파도 웁니다. 배가 너무 불러도 웁니다. 졸려도 웁니다. 운다는 것은 아빠, 엄마를 찾는 것입니다. 내 힘으로는 어떻게 할 수 없으니까 부모님이 나 좀 도와 달라는 것입니다.

저는 어린 시절에 정말 어머니만 졸졸 따라다녔습니다. 어릴 때 할머니와 같이 살았는데, 할머니는 전통적인 분으로서 무서웠습니다. 그런데 저는 어머니가 주방에 들어갈 때도, 심지어 화장실에 갈 때도 어머니 치마를 붙들고 다녔습니다. 그래서 어머니가 할머니에게 많이 혼났다고 합니다. 하지만 그때 저는 어머니가 없으면 아무것도 할 수 없는 존재였기 때문에 어머니만 붙들고 살았습니다.

신앙도 마찬가지입니다. 우리는 부모님 되신 하나님을 전적으로 의지하고 살아야만 합니다. 가르침의 영역도 똑같습니다. 하나님만 전적으로 의지하며 아이들과 교제하고 가르쳐야 합니다. 교사는 "나는 하나님이 없으면 못 사는가, 아니면 하나님이 없어도 잘 사는가? 하나님이 있어도 되고, 없어도 되는가? 나는 하나님이 능력과 지혜를 주지 않으시면 단 한 주라도 아이들을 제대로 가르칠 수 없는가, 아니면 하나님이 특별히 능력과 지혜를 주지 않으셔도 내 능력과 지혜로, 말의 재능으로 아이들을 잘 가르칠 수 있는가? 가르침의 현장에서 하나님이 강력하게 역사하셔야만 나는 교사로 설 수 있는가?" 하고 스스로에게 엄격하게 질문해야 합니다.

베드로는 성전 미문에 앉은 돈 한 푼이라도 얻을까 구걸하는 지체 장애인에게 "은과 금은 내게 없거니와 내게 있는 이것을 네게 주노니 나사렛 예수 그리스도의 이름으로 일어나 걸으라"(행 3:6)라고 말했습니다. 지체 장애인에게 은과 금은 약간의 편리함을 줄 것입니다. 베드로에게 그런 은과 금은 없었습니다. 그러나 베드로에게는 나사렛 예수 그리스도의 이름이 있었습니다. 예수 그리스도의 이름은 그의 근원적인 문제를 해결해 주었습니다. 그를 치유했습니다.

은과 금이 없으면 아무것도 없는 것 같지만, 결코 그렇지 않습니다. 예수 그리스도의 이름만 있으면 사람의 근원적인 문제가 해결됩니다. 하나님의 역사가 일어납니다. 그렇기 때문에 교사는 항상 이 싸움을 해야 합니다. 내가 의지할 만한 학벌, 가르치는 능력, 사회적 위치와 다양한 경험, 아이들을 충분히 먹일 수 있는 경제력, 심지어 교회 안에서의 직위 등을 모두 내려놓아야 하는 것입니다. 이 일은 매우 힘든 신앙의 훈련이자 성숙된 교사로 나아가는 연습입니다.

두 개를 다 선택할 수는 없습니다. 내가 가진 "칼과 창과 단창"(삼상 17:45)을 완전히 내려놓고 여호와의 이름을 선택할 때 하나님의 능력이 임합니다. 살아 계신 하나님이 역사하시는 진짜 기독교 교육이 일어나는 것입니다. 교사는 하나님만 의지할 수 있도록 영적인 싸움을 해야 합니다. 하나님만 의지할 때 하나님의 능력이 역사하고, 하나님의 지혜가 발휘됩니다.

혹시 자신에게는 의지할 만한 것이 하나도 없다고 생각하는 교사가 있습니까? 그것은 복입니다. 왜냐하면 하나님만 의지하면 되기 때문입니다. 한편, 자신이 가진 것이 많다고 생각하는 교사가 있습니까? 돈이 많고, 좋은 학위를 가지고 있고, 말의 재능을 가지고 있습니까? 그런 교사가 있다면 그는 자신이 가진 것을 하나님의 뜻을 위한, 하나님의 사역을 위한 수단으로 사용해야 합니다. 그러면 그 교사는 가진 것이 많아도 하나님을 의지하는 사람이 됩니다.

저는 "Can't live a day without you"라는 찬양을 좋아합니다. '하나님 없이는 단 하루도 살아갈 수 없다'는 뜻입니다. 교사들은 이 찬양을 주제가로 삼아야 합니다. 하나님이 도와주지 않으시면 단 1분이라도 아이들을 가르칠 수 없습니다. 교사는 하나님만 전적으로 의지하기 위해서 기도를 해야 합니다. 이 기도는 형식적인 기도가 아니라, 온 마음과 뜻과 정성을 담은 진실한 기도여야 합니다.

이처럼 진실한 기도를 하기 위해서는 하나님 앞에 철저하게 낮아져서 겸손해야 합니다. 하나님 앞에서는 첫째도 겸손, 둘째도 겸손, 셋째도 겸손, 넷째도 겸손해야 합니다. 우리는 종종 하나님 앞에 무릎 꿇고 기도합니다. 무릎 꿇고 기도하는 이유가 무엇입니까? 겸손한 모습을 하나님께 보여 드리는 것입니다. 하나님 앞에 절대 높아지려고 하지 말아야 합니다. 철저하게 은혜를 갈망하는 낮은 마음으로 하나님을 찾아야 합니다.

기도를 통해서 성령님이 내 안에 충만하게 역사하시면 나의 부족함을 철저히 깨닫게 됩니다. 하나님의 은혜가 아니면 아이들 앞에 설 수 없는 부족한 죄인임을 알게 됩니다. 그러면서 내 안에 가득 자리 잡고 있던 세상적인 욕심과 야망이 사라집니다. 그 대신에 내 안에 하나님 나라의 확장을 위해 하나님이 주신 사명과 비전이 가득 채워지게 됩니다. 하나님이 할 수 있는 지혜와 능력을 주십니다. 거룩한 열망이 생깁니다. 내 의지에 열정의 불이 점화되어 하나님이 맡겨 주신 교사의 직분을 충성스럽게 감당할 수 있게 됩니다. 내가 맡고 있는 아이들, 함께 사역하는 교사들을 진정으로 사랑하게 됩니다. 예수 그리스도의 몸 된 교회를 뜨겁게 사랑하는 마음이 생깁니다. 이것이 기도의 능력입니다.

따라서 교사는 기도에 힘써야 합니다. 물론 기도에 힘써야 한다는 사실을 모르는 교사는 아마 없을 것입니다. 중요한 것은 실천입니다. 아는 것을 실천하는 것이 중요합니다.

제가 대학생 때 한국 교회사를 강의한 이 분야 국내 최고 권위자였던 교수님이 은퇴 직전 마지막 강의를 했습니다. 그 역사적인 현장에 제가 학생으로 참여했습니다. 그때 교수님이 눈물을 흘리며 후학들에게 이렇게 말씀했습니다. "여러분! 기도해야 돼. 사람은 기도한 만큼 되는 거야." 너무나 단순하지만, 진리의 명언입니다. 사람은 기도한 만큼 되는 것입니다. 이것은 교사에게도 적용됩니다. 교사는 기도한 만큼 되는 것입니다. 기도해야 지혜 있는 교사, 능력 있는 교사가 되고, 그 가르침이 인간의 가르침이 아니라, 하나님이 역사하시는 영적인 가르침이 됩니다.

그럼 기도를 어떻게 하면 좋을까요?

밥을 먹는 것같이 꾸준히 기도

사도 바울은 "쉬지 말고 기도하라"(살전 5:17)고 우리에게 권면합니다. 항상 기도하라는 의미입니다. 사도 바울이 위대한 까닭이 무엇입니까? 바로 자신이 말한 대로 살았다는 것입니다. 사도 바울은 항상 기도하는 사람이었던 것입니다. 아이들의 영혼을 책임지는 교사라면 항상 기도해야 합니다. 너무 어렵게 생각하거나 부담스러워할 것 없이 매일 기도하면 됩니다.

아무리 바빠도 적어도 매일 15분은 기도해야 합니다. 저는 사랑의 최고의 선물은 바로 기도라고 믿습니다. 진짜 누군가를 사랑하면 기도하게 되어 있습니다. 아내가 남편을 사랑하면 남편을 위해 기도하게 되어 있고, 남편이 아내를 사랑하면 아내를 위해 기도하게 되어 있습니다. 부모가 자녀를 사랑하면 자녀를 위해 기도하게 되어 있습니다. 마찬가지로 교사가 자신이 맡은 교회학교 아이들을 사랑한다면 자동으로 기도하게 되어 있습니다. 자신이 맡은 교사의 직분을 사랑하고 소중히 여긴다면 기도하게 되어 있습니다. 자신이 소속된 교회학교와 교회를 사랑한다면 기도하게 되어 있습니다.

아무리 바빠도 매일 기도하는 교사가 됩시다! 교사가 갖추어야 하는 가장 중요한 자질 하나를 꼽는다면 바로 기도입니다. 기도하는 사람이 교사가 되어야 합니다. 매일 기도하되, 특별히 공과 준비를 하는 시간과 주일을 앞둔 토요일 밤에는 더 간절히 힘을 다해 기도해야 합니다. 공과 준비를 할 때는 기도가 전제되어야 합니다. 토요일 밤에는 인터넷 검색이나 유튜브 시청 등으로 시간을 보내다가 잠자리에 들면 안 됩니다. 기도하면서 주일을 준비해야 합니다.

군 교회에서 사역할 때 제가 섬기던 교회에 아동부가 있어서 군 사역 외에 아동부 사역도 감당했습니다. 당시 군대 내 신실한 병사들이 자원해서 교사의 역할을 감당했습니다. 병사들은 월요일부터 금요일까지 군대의 바쁜 일과 속에서, 그리고 계급 사회의 질서 속에서 스트레스를 받으며 살았습니다. 그들에게는 주말이 그나마 쉴 수 있는 시간이고, 자기 개발을 위해 취미 생활을 할 수 있었습니다. 특히 토요일 저녁에는 텔레비전을 시청하면서 병사들이 좋아하는 여자 아이돌 그룹들을 만날 수 있는, 그들 입장에서는 꿈과 희망의 시간이었습니다.

그런데 아동부 사역으로 수고해 준 병사들은 자신의 황금 같은 개인 시간에 교회에 와서 다음 날 아이들을 가르칠 자료를 만들고 눈물로 기도했습니다. 다른 병사들은 여자 아이돌 그룹들의 노래를 들으며 환호할 시간에 그들은 아동부 아이들을 생각하며 눈물로 기도를 한 것입니다. 그들의 수고와 헌신을 생각하면 군종 목사인 제가 부끄럽고 미안할 정도였습니다. 이러한 순수한 눈물의 기도가 제가 사역했던 군 교회 아동부의 부흥으로 이어졌습니다. 부모님들은 교회에 안 나오더라도 자녀들은 거의 다 아동부에 나와 동네에서 제일 큰 아동부가 되었습니다. 모두 병사 교사들의 눈물의 기도 덕분이었습니다.

개별적이고 구체적으로 기도

기도는 구체적으로 해야 합니다. 자신이 맡은 아이들이 잘 되게 해 달라는 정도로 기도하면 부족합니다. 한 명, 한 명의 이름을 언급하면서, 한 명, 한 명의 상황을 생각하면서 영적인 필요를 위해서 구체적으로 기도해야 합니다.

아이들마다 기도 제목이 다릅니다. 그렇기 때문에 아이들 한 명, 한 명을 생각하며 간절히, 구체적으로 기도해야 하는 것입니다. 이에 대한 구체적인 방법으로는 자신이 맡고 있는 아이들을 위한 기도 수첩을 만드는 것입니다. 그 기도 수첩에 아이들의 사진을 출력해서 붙이고 매주 기도 제목을 쓰면 좋습니다. 아이들의 사진을 보며 기도 제목을 가지고 기도하면 기도가 풍성해지고, 구체적인 기도 제목을 가지고 기도하게 됩니다. 아이들의 구체적인 기도 제목이 파악되지 않으면 한 달마다 아이들에게 직접 자신의 기도 제목을 쓰게 하면 좋습니다. 제 경험상 대충 적는 아이도 있지만, 상당히 구체적으로 자신의 삶을 나누고 정말 필요한 기도 제목을 진지하게 쓰는 아이들도 꽤 있었습니다.

사실 제일 좋은 방법은 기도 제목을 받고, 그 아이와 일대일로 만나서 구체적인 삶의 고민과 걱정을 들어 주는 것입니다. 그러면 정말 공감을 가지고 기도할 수 있게 됩니다. 지금처럼 코로나19로 인해서 아이들과 대면으로 쉽게 만나는 것이 어려

어쩌다 교사

운 상황에서는 아이들의 영혼을 위해 더더욱 간절히 기도해야 합니다. 아이들에게 자주 연락해서 아이들의 기도 제목을 들어야 합니다.

저는 어느 교회에서 사역하든지 주일 아침 예배 시작 전 교사 모임을 할 때 회의가 아니라 교사 기도회를 했습니다. 회의는 필요하지만, 기도보다 중요하지 않습니다. 설령 그 주간에 행정적인 사항이 제대로 전달되지 않아서 문제가 발생할 수도 있지만, 기도를 하지 않는 것보다는 낫습니다. 회의는 예배를 마치고 하거나 전달 사항이 있다면 부장 교사나 총무 교사를 통해 문자나 카카오톡 등 메신저로 금요일이나 토요일에 알려주면 됩니다. 주일 아침 예배 시작 전에는 기도를 해야 합니다. 그 기도는 바로 아이들을 위한 기도입니다. 아이들 한 명, 한 명을 생각하면서 드리는 기도가 가르치는 과정의 시작입니다.

한 교회에서 사역할 때 저뿐만 아니라 교사들은 하나님 외에 그 무엇도 의지할 수 없었습니다. 기도밖에 할 수 있는 일이 없었습니다. 왜냐하면 처음에 아동부를 맡았을 때만 해도 교사 모임이 없었고 교사 숫자도 너무 적었기 때문입니다. 한 교사가 몇 반씩을 맡고 있는 형편이었습니다.

이러한 상황 가운데서 몇 안 되는 교사들을 모아 주일 오전 예배 시작 전 교사 기도회를 진행했습니다. 처음에는 교사들이 많이 어색해했지만 이 기도회로 말미암아 영적인 교제가 자연스럽게 이루어졌고, 교사들이 아이들을 위해 간절히 기도

하는 시간이 되었습니다. 저를 포함한 모든 교사는 의지할 분이 하나님밖에 없으니까 기도하지 않을 수 없었습니다. 아이들 한 명, 한 명의 상황을 생각하며 구체적으로 기도했습니다. 하나님이 우리 기도에 응답해 주셨고, 이후 교사들은 '교사 모임' 하면 '회의'가 아니라 '기도 모임'으로 당연히 인식하게 되었습니다.

모든 구성원을 위해 기도

교사는 자신과 같이 사역하는 다른 교사들을 한 배를 탄 동료로 인식해야 합니다. 어떤 교회학교를 방문해 보니까 교사들끼리 사이가 좋지 않았습니다. 서로를 경쟁자로 인식하고 있었기 때문입니다. 교회학교 교사들은 서로 경쟁자가 아닙니다. 영적인 동료이고, 친구이고, 협력자입니다. 따라서 자신만을 위해서 기도하지 말고 동료 교사들을 위해서도 기도해야 합니다. 자신이 맡고 있는 반은 물론, 동료 교사들이 맡고 있는 반을 위해서도 기도해야 합니다. 우리는 공동체입니다. 내 반만 잘되고 부흥하는 것은 중요하지 않습니다. 다 같이 부흥하고 잘되어야 합니다. 그래서 기도할 때 동료 교사들을 위해서, 다른 반을 위해서 기도해야 합니다.

더 나아가 우리는 교회학교의 찬양대를 위해서, 찬양팀을

어쩌다 교사

위해서, 방송팀을 위해서도 기도해야 합니다. 즉 교회학교 전체를 위해서 기도해야 합니다. 하나님이 주인이 되시는, 하나님이 인도하시는 교회학교가 될 수 있도록 기도해야 합니다.

또 중요한 기도는 바로 부서를 담당하고 있는 교역자를 위해서 기도하는 것입니다. 담당 교역자는 교회학교의 영적인 리더입니다. 리더가 리더답지 못하면 공동체는 산으로 가기가 쉽습니다. 따라서 담당 교역자를 존중하면서 기도해야 합니다. 보통 교회학교 담당 교역자들은 신학교 학부나 신학대학원에 재학 중인 젊은 목회자들입니다. 나이로 그들을 무시해선 안 됩니다. 아무리 어려도 그들은 하나님이 세우신 종들입니다. 목회자를 존중하고 사랑하는 마음을 가지고 기도해야 합니다.

첫 사역지였던 청소년부에 부임했을 때 제 나이가 고등학교 3학년 학생과 다섯 살밖에 차이가 나지 않았습니다. 그 교회 청소년부 역사상 가장 어린 전도사가 부임한 것입니다. 처음 부임했던 그날을 잊을 수가 없습니다. 저는 양복을 멋있게 입고 가방을 들고 교회에 들어갔습니다. 모든 것이 낯설어 보이고 떨리기도 했습니다. 그때 한 선생님이 제 등을 툭툭 쳤습니다. 제가 깜짝 놀라 뒤를 돌아보자 그 선생님이 저더러 "너는 몇 학년이냐? 새로 나온 학생이냐?" 하고 물었습니다.

그 교회 청소년부는 꽤 큰 공동체였습니다. 교사만 100명 가까이 되었습니다. 반을 맡고 있는 교사들 중에 저보다 어린 사람은 거의 없었습니다. 부장 선생님은 제 아버지뻘 되는 장로님이었습니다. 저는 아직도 제가 젊은 목사라고 생각하지만, 20대를 보면 참으로 어려 보입니다. 하물며 그 당시 40, 50, 60대 교사들의 눈에 제가 얼마나 어려 보였겠습니까.

그런데 그 당시 교사들에게 제가 감사했던 점은 저를 어린 동생으로 보지 않았다는 것입니다. 저를 영적인 리더로 봐 주고 인정해 주었습니다. 큰 공동체를 이끌고 나가야 하는데, 자신들의 경험을 내려놓고 제 의견과 판단을 존중해 주었습니다. 제 목회 방침에 따라 주었고 저를 위해 기도도 많이 해 주었습니다. 그래서 정말 행복한 목회를 할 수 있었습니다. 그때 같이 사역했던 교사들과는 지금까지도 교제를 나누고 있습니다. 부서 담당 교역자를 존중하면서 기도할 때 아름다운 교육 공동체가 이루어질 수 있습니다.

삶의 여러 영역을 위해 기도

교사는 자신을 위해서 간절히 기도해야 합니다. 자신을 위해 기도할 때 몇 가지 영역으로 나누어서 기도하면 좋습니다. 첫 번째는 영적인 영역, 두 번째는 가르침의 영역, 세 번째는 관계적인 영역, 네 번째는 일상적 삶의 영역입니다. 하나하나 구체적으로 살펴보겠습니다.

어쩌다 교사

첫 번째, 영적인 영역에서는 자신의 영적 성장과 성숙을 위해서 기도해야 합니다. 교사는 교사로 섬기는 경험이 늘어 갈수록 더욱더 성령 충만해서 하나님을 닮아 가야 합니다. 예수님에게까지 자라 가야 합니다(엡 4:15). 교사는 교사의 직분을 감당하면서 더욱더 예수님을 닮아 갈 수 있도록, 예수님에게까지 자라 갈 수 있도록, 신앙이 더욱더 성숙하고 견고해질 수 있도록 기도해야 합니다. 교사의 직분을 감당하면서 받게 되는 가장 큰 유익은 바로 자신의 신앙이 성숙해지고, 점점 더 하나님을 알아 가게 되며, 하나님을 닮아 가게 되는 것이어야 합니다.

흡연 문제로 힘들어한 선생님이 있었습니다. 그분은 아이들과 어울리는 것이 재미있을 것 같아 교사로 지원한 분이었습니다. 교회학교 교사인데도 불구하고 성경을 한 번도 읽어 본 적이 없었고, 하나님에 대해서 아는 바가 거의 없었습니다. 그럼에도 그저 아이들이 좋아서 교사로 섬겼습니다.

그런데 주일 아침에 이 선생님이 곁에 오면 담배 냄새 때문에 저뿐만 아니라 다른 교사들도 눈살을 찌푸렸습니다. 다른 교사들은 그분에 대해 걱정을 많이 하면서 교사를 그만두게 해야 한다고 저에게 조언했습니다. 그러나 저는 그분이 교사를 그만두게 해서는 안 된다고 확신했고, 분명히 하나님이 변하게 하실 것이라 믿었습니다. 저는 그 선생님과 교제하며 신앙 성숙을 위해서 매일 시간을 정해 기도해 달라고 간곡히 부탁했습니다. 감사하게도, 그 선생님은 제 말에 감동을 받았고 기도하기로 작정했습니다. 그 기도는 한 달, 두 달, 여섯 달, 그리고 일 년 넘게 이어졌습니다.

그 선생님은 어떻게 되었을까요? 그분은 변화되기 시작했습니다. 저는 기도를 통해 성령님이 역사하셔서 그분을 서서히 변화시키셨다고 믿습니다. 그분은 흡연 문제를 해결하곤 누구보다도 더 헌신적으로 사역하는 모범 교사가 되었습니다.

두 번째, 가르침의 영역에서는 실제적으로 아이들을 가르치는 과정을 위해서 기도해야 합니다. 자신이 아이들을 가르치는 공과 공부 현장을 떠올리면서 가르치는 과정에서 부족한 부분이 무엇인지, 답답하게 느껴지는 점이 무엇인지를 놓고 구체적으로 하나님께 아뢰어야 합니다. 구체적인 기도가 왜 중요합니까? 구체적으로 기도하면 구체적으로 응답받기 때문입니다.

친하게 지내는 선생님 중에 말이 어눌한 분이 있었습니다. 그분은 선천적으로 언어에 대한 장애가 있었는데, 그럼에도 아이들을 사랑하는 마음에서 교사가 되었습니다. 그런데 문제는 아이들이었습니다. 아이들이 그 선생님이 하는 말을 잘 이해할 수 없다고 불평을 한 것입니다. 이럴 때 목회자는 참으로 난감합니다. 아이들을 이해시키는 동시에 교사가 상처받지 않도록 위로해야 하기 때문입니다.

그 선생님은 자신의 어려움을 너무나 잘 알고 있었습니다.

어쩌다 교사

다행히 그분은 이 어려움을 계기로 기도의 자리로 나아가 "언어의 주인 되신 하나님, 말의 능력을 허락해 주소서. 말의 지혜를 주소서. 아이들과 소통이 잘되게 하여 주소서"라고 간절히 기도했습니다. 이에 하나님이 그 기도에 역사하셨습니다. 그 선생님은 말하는 것이 전보다 훨씬 자연스러워졌고, 하나님의 능력과 지혜로 교사의 직분을 잘 감당했습니다.

세 번째, 관계적인 영역에서는 아이들과의 관계가 더 친밀해질 수 있도록, 동료 교사와의 관계가 더 협력적이 될 수 있도록, 담당 교역자와의 관계가 더 풍성해질 수 있도록 기도해야 합니다. 인간관계를 푸는 열쇠는 예수님께 있습니다. 예수님은 평화의 원천이십니다. 예수님이 이 세상에 오실 때 제일 먼저 천사들이 "땅에서는 하나님이 기뻐하신 사람들 중에 평화로다"(눅 2:14)라고 노래했습니다. 그리고 예수님이 십자가 죽음에서 부활하시고 제자들에게 오셔서 하신 말씀도 "너희에게 평강이 있을지어다"(눅 24:36)였습니다.

> 그는 우리의 화평이신지라 둘로 하나를 만드사 원수 된 것 곧 중간
> 에 막힌 담을 자기 육체로 허시고 엡 2:14

예수님은 인간의 죄 문제를 해결하시고, 하나님과 인간 사이에, 그리고 인간과 인간 사이에 화해를 이루셨습니다. 그렇기 때문에 우리는 가르침의 영역에서 나와 만나는 사람들과의

관계에 예수님이 강력하게 역사하셔서 참된 평화와 사랑이 이루어질 수 있도록 기도해야 합니다.

교회학교 목회를 하면서 제일 난감한 상황이 있는데, 바로 교사와 아이들이 서로 갈등하면서 상처를 받는 경우입니다. 대학 교수인 한 선생님이 있었습니다. 그분은 교수답게 교회에서 청소년들을 가르칠 때 철저하게 교육 자료를 준비했고 대학교 강의 스타일로 지도했습니다. 그런데 문제는 아이들과 사이가 좋지 않다는 것이었습니다.

하루는 이 선생님이 저에게 상담 요청을 했습니다. 교사를 그만둬야 할 것 같다는 내용이었습니다. 이유를 묻자 자기가 맡은 아이들이 너무 예의가 없다고 했습니다. 자신은 철저하게 양질의 교육 자료를 준비하고 최선을 다해 가르치는데 아이들은 딴짓을 하거나 떠든다는 것입니다. 그래서 자존심이 상해 교사를 그만두어야겠다고 했습니다. 저는 선생님의 말속에서 교수에 대한 강한 자부심을 느꼈습니다. 상담을 마친 후 그 선생님의 속을 썩이고 있는 반 아이들을 불러서 만났습니다. 아이들은 "목사님! 우리 반 선생님은 너무 권위적이세요. 그리고 공과 시간이 너무 길어요. 재미없고 따분해요. 선생님 바꿔 주세요" 하며 항변했습니다.

저는 아이들의 이야기를 들은 후 한 주간 기도했습니다. 그리고 그다음 주에 선생님과 다시 한 번 만났습니다. 그리고 요즘 아이들의 문화에 대해서 알려 준 후에 이것은 문화 차이에

어쩌다 교사

서 오는 갈등이라고 말했습니다. 그리고 아이들을 뜨겁게 사랑하고 이해하는 마음을 달라고 하나님께 삭성 기도를 드리자고 제안했습니다. 선생님은 그 후 아이들을 위해 계속 기도했고, 하나님이 문제를 해결해 주셨습니다.

마지막으로, 일상적 삶의 영역에서는 교사의 직분을 감당하는 데 장애물로 다가오는 삶의 어려움과 걱정을 내어놓고 기도해야 합니다. 예를 들어, 건강이 좋지 않으면 단지 건강하게 해 달라고 기도하는 것이 아니라, 건강한 몸으로 교사의 직분을 더 잘 감당하게 해 달라고 기도하는 등 사명과 연결 지어 기도해야 합니다. 일상적 삶의 영역을 교사의 직분과 연결해서 기도할 때 하나님이 교사의 직분을 더 잘 감당할 수 있도록 형통한 은혜로 채워 주실 것입니다.

허리가 아파 고생하는 선생님이 있었습니다. 오래 앉아 아이들을 가르치기도 힘들어했습니다. 그럼에도 그분은 하나님을 향한 열정으로, 아이들을 향한 진실한 사랑으로 교사의 사역을 계속 감당했습니다. 그러던 중에 정말 허리 때문에 쓰러졌습니다. 이제 더 이상 교사로 사역할 수 없게 되었고, 심지어 병원에 입원해야 하는 상황까지 가게 된 것입니다.

저와 교사들에게 기도의 불이 붙었습니다. "하나님! 선생님 허리가 낫게 해 주세요. 우리 부서에서 정말 아이들을 잘 섬기시는 분인데 하나님이 지켜 주셔야 됩니다. 허리 통증 때문에 교사 직분을 그만두게 된다면 얼마나 억울합니까! 치료의 하나님, 불쌍히 여겨 주시고 치료해 주세요." 기도한 결과 어떻게 되었을까요? 하나님이 그 선생님의 허리를 어루만져 주셨습니다. 그래서 교사의 직분을 계속 감당할 수 있었고, 교사뿐만 아니라 서서 섬겨야 하는 찬양팀, 쪼그려 앉아 섬겨야 하는 주방팀 봉사까지 할 수 있게 되었습니다.

교사는 기도하는 사람이어야 합니다. 기도합시다! 또 기도합시다! 한 명의 기도하는 교사가 기도하지 않는 교육학 박사 100명보다 훨씬 낫다고 확신합니다.

6

좋은 모델이
되어 주고 싶다

○

교사는 아이들의 모델이 되어야
합니다. 교사는 아이들의 신앙 모델이 되어
야 하고, 바른 인격의 모델이 되어야 하고,
비전과 사명의 모델이 되어야 합니다. 교사
는 아이들에게 큰 영향력을 미치는 존재입
니다. 아이들은 교사의 모습을 보면서 자기
신앙의 기준과 인격의 기준과 삶의 기준을
세웁니다. 아이들은 교사를 닮아 가게 되어
있습니다. 따라서 교사는 아이들이 따르고
닮을 수 있는 참된 모델이 되어야 합니다.
아이들의 모델이 되기 위해 노력하는 것이
바로 교사로서 본질을 지키는 것입니다.

바른 신앙의 모델이 되어야 한다

교사는 아이들에게 신앙의 세계를 알려 주는 존재입니다. 그렇다면 교사는 반드시 아이들에게 모델이 될 만한 바른 신앙을 가지고 있어야 합니다. '바른 신앙은 과연 무엇인가?'에 대해 교사는 고민해 봐야 합니다. 성경에서 바른 신앙의 내용을 찾을 수 있습니다.

> 이스라엘아 들으라 우리 하나님 여호와는 오직 유일한 여호와이시니 너는 마음을 다하고 뜻을 다하고 힘을 다하여 네 하나님 여호와를 사랑하라 신 6:4-5

'마음을 다하고 뜻을 다하고 힘을 다하여' 하나님을 사랑하는 것이 바른 신앙의 내용입니다. 여기서 '마음'은 감정이 중심이 되는 감성을 의미합니다. '뜻'은 실천이 중심이 되는 의지를 의미합니다. '힘'은 생각의 힘, 즉 지성을 의미합니다. 그래서 해석하면, 지성과 감성과 의지를 다해서 하나님을 사랑하라는 것입니다. 즉 전 인격적으로 하나님을 사랑하라는 뜻입니다. 그리고 우리 하나님 여호와께서 오직 참되신 유일한 하나님이시니 지성과 감성과 의지를 다하는 사랑을 오직 우리 하나님께만 올려 드리라는 의미입니다. 지성과 감성과 의지를 다해서 하나님을 사랑하고 있습니까? 그렇다면 바른 신앙을

어쩌다 교사

가지고 있는 것입니다.

지성을 다해서 하나님을 사랑한다는 것은 머리로 아는 만큼 하나님을 사랑하는 것입니다. 즉 '이성 중심의 신앙'입니다. 교사가 하나님을 정말 사랑하기 위해서는 하나님을 잘 알아야 합니다. 정기적인 성경 읽기, 성경 공부와 묵상을 통해 하나님이 어떤 분이시며, 우리 인간과 어떤 관계에 있는 분이시며, 우리 인간을 어떻게 인도하시는지를 알아야 합니다. 설교 말씀을 통해 하나님에 대해 깊이 있게 알아 가야 합니다. 하나님이 누구신지를 이해해야 합니다.

그러나 이성 중심의 신앙만 있으면 메마른 장작과 같습니다. 따라서 감성을 다해서 하나님을 사랑하는 것이 필요합니다. 감성을 다해서 하나님을 사랑한다는 것은 감정적으로, 뜨거운 마음으로 하나님을 사랑하는 것입니다. 즉 '감정 중심의 신앙'입니다. 뜨겁게 통성 기도를 하는 것, 열정적으로 찬양을 드리는 것, 성령의 은사를 열심히 사모하는 것 등이 감성 중심의 신앙 모습입니다. 감성 중심의 신앙은 중요한 신앙의 모습입니다. 감성 중심의 신앙은 열정을 다해 하나님에 대한 사랑을 표현하는 신앙의 모습입니다. 활기차고 뜨거운 신앙의 모습입니다.

마지막으로 의지를 다해서 하나님을 사랑하는 것은 실천을 통해 하나님을 사랑하는 것입니다. 즉 '실천 중심의 신앙'입니다. 교회에서 예배드리고 성경 읽고 설교 말씀을 들어서 하나님을 알게 되고 하나님이 원하시는 뜻을 깨닫게 되고, 기도와 찬양을 통해 마음이 뜨거워지고 열정이 채워졌으면, 하나님의 말씀과 뜻을 삶 속에서 실천해야 하는 것입니다.

그러나 많은 신앙인이 실천하지 못하거나 실천하지 않습니다. 그저 세상 속으로 가면 믿지 않는 자와 별반 차이가 없습니다. 예를 들어, "네 이웃 사랑하기를 네 몸과 같이 하라"(약 2:8)라는 말씀을 듣고 하나님의 뜻을 머리로 이해했으면, 기도를 통해 그렇게 살기로 결심했으면, 삶 속에서 실천해야 합니다.

또한 "온유한 자는 복이 있나니 그들이 땅을 기업으로 받을 것임이요"(마 5:5)라는 말씀을 듣고 하나님이 원하시는 바를 머리로 이해했으면, 열정을 마음에 담았으면, 삶 속에서 다른 사람에게 분노의 감정을 표출하지 않고 이웃을 따뜻하게 대해야 합니다. 실천이 빠진 신앙인은 하나님을 진짜 사랑한다고 말할 수 없는 것입니다. 신앙이 삶에 영향을 주기 위해서는 하나님의 말씀을 생활 속에서 지켜야 합니다.

지성, 감성, 의지를 다하는 신앙생활을 할 때 진정으로 하나님을 사랑하게 되는 것이고, 바른 신앙을 가진 교사가 될 수 있습니다. 하나님은 이러한 교사를 기뻐하십니다. 그리고 이처럼 바른 신앙을 가진 교사 밑에서 신앙 교육을 받는 아이들은 교사를 좇아 바른 신앙을 가지게 될 것입니다.

제가 교사들을 대상으로 교사 교육을 할 때 제일 중점적으로 하는 훈련은 바로 '지성, 감성, 의지를 다해서 하나님 사랑하기'입니다. 교사들에게 지성을 다해서 하나님을 사랑하는 것이 무엇인지, 감성을 다해서 하나님을 사랑하는 것이 무엇인지, 의지를 다해서 하나님을 사랑하는 것이 무엇인지를 앞서 살펴본 신명기 6장 4-5절 말씀을 기초로 가르칩니다. 그리고 종이 한 장에 표를 만들어서 첫 번째 부분에는 '나의 일상생활 속에서 지성을 다해 하나님을 사랑하는 실천'이라는 제목을, 두 번째 부분에는 '나의 일상생활 속에서 감성을 다해 하나님을 사랑하는 실천'이라는 제목을, 세 번째 부분에는 '나의 일상생활 속에서 의지를 다해 하나님을 사랑하는 실천'이라는 제목을 각각 적어 둡니다. 이 종이를 복사해 교사들에게 나눠 주고, 한 주간 한 부분에 10개씩 실천한 내용을 써서 가져오게 합니다.

처음에 교사들은 이 과제를 굉장히 힘들어합니다. 그러나 몇 주간 훈련을 진행하다 보면 균형 잡힌 바른 신앙의 틀을 갖추게 됩니다. 그리고 중요한 것은, 자신의 신앙이 지성에 치우쳤는지, 감성에 치우쳤는지, 의지에 치우쳤는지를 발견하게 된다는 것입니다. 오늘날에는 여러 메신저(카카오톡 단톡방, 밴드, 페이스북 그룹 등)를 통해서 이러한 훈련을 진행하면서 교사들이 자연스럽게 서로의 삶을 나눌 수 있습니다.

바른 인격의 모델이 되어야 한다

교회는 아이들에게 바른 인격을 가르쳐 줄뿐더러 훈련하는 역할까지 해야 한다고 확신합니다. 요즘 아이들의 도덕성은 땅바닥에 떨어졌습니다. 학교에서는 대학 입시에 초점이 맞추어진 교과들만 강조하기 때문에 도덕 교육, 윤리 교육이 형식화되어 있거나 실천이 빠진 이론만 남은 교육이 진행되고 있습니다. 따라서 교회교육 안에서 교사가 바른 인격을 보임으로써 아이들에게 자연스러운 도덕 교육이 이루어질 수 있도록 힘써야 합니다. 이러한 교육은 말로 가르친다고 이루어지는 것이 아닙니다. 교사 자신의 삶의 가르침으로 이루어집니다. 더 구체적으로, 교사의 말과 행동을 통해서 이루어집니다.

그리고 아이들에게 인격의 모델이 되어야 한다는 말은 일주일에 한 번 아이들을 가르칠 때만 말 조심, 행동 조심으로 좋은 이미지를 만들라는 의미가 아닙니다. 일주일에 한 번 아이들을 만날 때만 인격적인 사람이나 천사로 변하고, 다시 일상생활로 돌아가면 평범한 사람들보다 못한 사람이 된다면 그것은 무서운 위선 죄를 짓는 것입니다.

한 집회에서 강사로 사역한 적이 있는데, 설교하는 시간 외에는 원하는 학생에 한해 상담을 해 주었습니다. 신앙과 관련된 상담을 했던 학생들 전부가 어떤 고민을 토로한 줄 아십니까? 바로 자신의 아빠, 엄마가 이중적이라는 것이었습니다. 교회에서는 천사였다가 집에만 오면 무섭게 변하는데, 그 이중적인 모습이 너무 괴롭고 답답해서 교회에 가기가 싫다는 것입니다. 부모들은 가정에서 조심해야 합니다. 부모인 동시에 교사인 경우, 특히 아이들의 인격과 삶의 모델이 되기 위해 부단히 노력해야 합니다.

그렇다면 아이들에게 바른 인격의 모델이 되기 위해 가장 필요한 덕목은 무엇일까요?

첫 번째 덕목은 겸손입니다. 겸손은 마음을 낮추는 것입니다. 다시 말하면, 자세를 낮추는 것입니다. 객관적으로 볼 때도 내가 능력 있고 똑똑하고 재능이 많을지라도 그 능력과 재능을 하나님이 주셨다는 사실을 잊지 않고 다른 사람을 배려하며 자세를 낮추어야 합니다.

사실 겸손은 실력 있는 사람이 할 수 있는 것입니다. 실력 없는 사람이 자신은 겸손하다고 말하는 것은 자기 합리화입니다. 실력 있는 사람이 자세를 낮추는 것, 눈높이를 낮추는 것이 바로 겸손입니다. 그래서 겸손의 왕이 누구십니까? 예수님이십니다. 예수님은 전지전능하신, 능력 있고 실력 있는 하나님이십니다. 그러나 동시에 겸손의 왕이십니다. 하나님이신 예수님은 우리가 사는 이 세상에 오셨는데, 왕궁에 오셔도 모자랄 텐데 사람이 사는 곳도 아니고 말들이 사는 마구간에서 태어나셨습니다. 우리의 구세주, 우리의 왕 예수님이 평안한 집도 아닌, 말들이 울고 말똥 냄새가 나는 마구간에서 태어나신 것입니다.

교사들에게 간절히 부탁드립니다. 아이들을 위한 그림 자료를 만들 때 마구간을 너무 낭만적으로 생각해 매우 따뜻한 공간으로 그리지 말기 바랍니다. 아이들이 잘못된 이미지를 가지게 될 수 있기 때문입니다. 마구간은 짚이 있는 포근하고 따뜻한 공간이 아닙니다. 그곳은 사람이 살 수 없는, 동물의 배설물이 곳곳에 있고 동물의 울음소리와 고약한 냄새가 섞여 있는 곳입니다.

아무리 가난해도 마구간에서 태어난 사람은 아무도 없을 것입니다. 그런데 하나님이신 우리 예수님은 모든 권세와 영광을 버리고 낮아지시기 위해 이 땅에 오셨습니다. 예수님은 우리에게 낮아진 자신의 삶을 보여 주시기 위해 이 세상에 오실 때부터 가장 낮게, 가장 가난하게 오셨습니다.

구약 시대 야곱은 얍복강에서 하나님의 천사와 씨름했습니다. 그때 야곱이 이겨서 하나님은 야곱의 이름을 '이스라엘'로 바꿔 주셨습니다. 그 이름의 뜻은 '하나님과 겨루어 이긴 자'입니다. 사실 야곱이 이긴 것일까요? 아닙니다. 하나님이 져 주신 것입니다. 어릴 때 저는 아버지와 씨름을 자주 했습니다. 그때 저는 아슬아슬하게 아버지를 이겼습니다. 다섯 번 겨루면 3 대 2, 일곱 번 겨루면 4 대 3으로 제가 이겼습니다. 그때 저는 제가 아버지보다 힘이 더 센 줄 알았습니다. 이것이 제가 이긴 것입니까? 아닙니다. 아버지가 져 준 것입니다. 5 대

0, 7 대 0으로 제가 이기면 아버지가 져 준 것이라고 단번에 생각할 수 있기에 아슬아슬하게 져 주고 제가 이기게끔 한 것입니다.

겸손은 힘 있는 자가 힘을 조절하는 것입니다. 그래서 아이들에게 교사는 가르치는 자이자 동시에 아이들을 배려해서 자세를 낮추는, 즉 질 줄도 아는 겸손의 모습을 보여야 합니다. 교사의 겸손한 모습을 볼 때 아이들은 겸손을 배웁니다. 겸손은 이론으로 가르치는 것이 아니라, 삶의 모습으로 자연스럽게 전달하는 것입니다.

수수한 옷차림에, 정말 아이들의 눈높이에 잘 맞추어 가르치는, 교사들의 모델인 선생님이 있었습니다. 나이 차이도 많이 나는 청소년 아이들과 즐겁게 어울리며 부서를 밝게 만들어 주었습니다. 이 선생님은 아이들로부터 무한 신임을 받는, 소위 '인기 짱' 선생님이었습니다. 이 선생님과 일대일로 이야기를 나눌 때 저는 몸 둘 바를 모르게 되곤 했습니다. 왜냐하면 정말 겸손했기 때문입니다. 저보다 나이가 한참 위인데도 저를 깍듯하게 대했고, 저와 대화를 나눌 때는 항상 부끄러워했습니다.

사실 이 선생님은 사회에서는 전자 분야의 한 기업을 이끄는 사장이었습니다. 재력도 있고 사회적 지위도 있는 분이 항상 겸손하게 아이들을 대하는 모습, 동료 교사들을 배려하는 모습, 젊은 교역자를 존중하는 모습을 볼 때마다 정말 큰 감동으로 다가왔습니다.

두 번째 덕목은 감사입니다. 감사하는 교사가 좋은 교사입니다. 감사에는 에너지가 있습니다. 감사하는 교사는 표정부터 밝습니다. 감사하는 모습을 통해 좋은 에너지가 아이들에게 전달되고, 아이들은 행복해집니다.

이 세상에서 가장 행복한 사람과 그다음으로 행복한 사람이 누구일까요? 전자는 감사하며 사는 사람이고, 후자는 감사하는 사람과 함께 사는 사람입니다. 감사는 감사하는 당사자가 행복한 것에서 끝나지 않고 주변 사람들을 행복하게 만듭니다. 《탈무드》에는 다음과 같은 격언이 나옵니다. "세상에서 가장 지혜로운 사람은 배우는 사람이고, 세상에서 가장 행복한 사람은 감사하며 사는 사람이다."

우리가 살고 있는 이 시대는 안타깝게도 감사를 잃어버렸습니다. 삶을 주시고 인도하시는 하나님께 감사하지 못하고, 나의 존재를 가능하게 해 준 부모님에게 감사하지 못하고, 부족한 내 옆에서 함께 울고 웃는 형제자매들, 친구들, 동료들에게 감사하지 못합니다. 심지어 교사도 아이들에게 감사하지 못하고, 아이들도 교사에게 감사하지 못합니다. 감사하지 못하기 때문에 삶 속에서 웃음이 사라지고, 따뜻함 속에 피어나는 사랑이 식어 버리는 것입니다. 행복하기 때문에 감사하는 것이 아니라, 감사하니까 행복한 것입니다.

"주의 음성을 내가 들으니"(새찬송가 540장), "나의 갈 길 다 가

어쩌다 교사

도록"(새찬송가 384장), "예수를 나의 구주 삼고"(새찬송가 288장) 등 은혜로운 찬송시를 9천여 편이나 쓴 패니 크로스비(Fanny Crosby)는 앞을 보지 못하는 시각 장애인이었습니다. 그녀는 어린 시절 의사의 실수로 시각 장애인이 되었으나 그 상황에도 하나님께 불평하지 않았고 오히려 감사하는 삶을 살았습니다. 감사하는 사람에게 참된 삶의 행복이 임하는 것입니다.

감사하면 행복이 오기 때문에 감사하는 것이 중요하지만, 아울러 기독교 신앙에서 감사는 하나님을 기쁘시게 해 드리는 믿음과 연관되기 때문에 중요합니다. 누가복음 17장을 보면, 예수님이 10명의 나병 환자를 고치셨는데, 그중 사마리아 사람 1명만 예수님 앞에 와서 감사를 표했습니다. 그러자 예수님은 그에게 "일어나 가라 네 믿음이 너를 구원하였느니라"(눅 17:19)라고 말씀하셨습니다. 그는 예수님께 감사를 표했는데, 예수님이 놀랍게도 그 감사를 믿음으로 받으신 것입니다.

이처럼 감사는 믿음의 상태를 대변해 주는 믿음의 외적인 표현입니다. 마치 겉으로 드러난 얼굴 표정과 같은 것입니다. 얼굴 표정을 통해 그 사람의 마음 상태를 알 수 있는 것처럼, 외적으로 드러난 감사를 통해 그 사람의 내면의 믿음 상태, 신앙 상태를 알 수 있기에 감사는 중요합니다.

여기서 교사들이 반드시 깨달아야 할 점이 있습니다. 감사는 마음속으로만 가지고 있으면 안 되고 표현해야 한다는 점입니다. 표현하지 않는 감사는 선물을 포장만 하고 건네지 않는 것과 같습니다. 교사는 감사의 중요성을 깨닫고 아이들에게 먼저 감사를 표현해야 합니다. 아이들이 선생님에게 감사하는 것이 당연한데, 요즘 아이들은 선생님한테 감사하지 않는다며 원망하지 말고, 먼저 교사가 아이들에게 감사를 표현해 보십시오. "오늘 네가 교회에 나와서 참 감사해", "네가 내 반이라는 것이 정말로 감사해", "네가 이 세상에 있어서 진짜 행복하고 감사해" 등 감동적인 감사를 아이들에게 지속적으로 표현해 주십시오.

감사를 계속해서 아이들에게 표현하다 보면 곧 칭찬으로 연결됩니다. 학교는 학업 성적을 가지고 학생들을 칭찬합니다. 그래서 칭찬에 소외된 아이들이 참으로 많습니다. 따라서 교회학교 교사는 정말 작은 일에도 아이들을 칭찬해 주어야 합니다. 그럴 때 아이들이 살아납니다. 힘을 얻고 위로를 얻습니다.

그리고 기왕 칭찬하려면 구체적으로 하는 것이 좋습니다. 예를 들어, 그저 "잘생겼다"라고 칭찬하기보다 "오늘 뿔테 안경을 쓰니까 참 지적으로 보이고 네 얼굴 형태와 잘 맞는다" 등 구체적으로 칭찬해 주십시오. 칭찬의 내용은 구체적이어야 하고 한 명, 한 명이 다 달라야 합니다. 제가 청소년 사역을 할 때 강단에 올라가면 설교를 시작하기 전에 자주 하던 일이 있습니다. 옆 사람을 칭찬해 주되, 구체적인 한 문장으로 칭찬하라는 것입니다. 그러면 아이들은 옆에 앉은 아이를 쳐다보며

어쩌다 교사

웃다가 칭찬 한마디를 건넵니다. 그럼 또 서로 웃음이 빵 터집니다. 그런 아이들의 모습은 마치 천사들 같았습니다.

대학교에서 피아노를 전공한 제자가 있습니다. 그 제자는 고등학교 1학년 때 저를 만났는데, 약간의 장애를 가졌기에 자신감 없이 살았습니다. 저는 그에게 다가가 격려해 주고 그의 이야기를 들어 주려고 무척 애를 썼습니다. 아이는 저에게 마음 문을 열고 자기 속이야기를 다 했습니다. 취미가 무엇이냐는 물음에 아이는 피아노라고 답했습니다. 저는 피아노를 칠 줄 알기에 아이에게 "피아노 한번 쳐 보지 않을래?"하고 물었습니다. 그러자 아이가 교회 피아노 의자에 앉더니 피아노를 치기 시작했습니다. 피아노 연주를 다 들은 후의 느낌은 한마디로, 초등학생 정도의 초급 실력이구나 싶었습니다. 그런데 저는 아이를 세워 주고 극찬했습니다. 그저 아이를 위로해 주고 싶었기 때문입니다. 심지어 그때 "피아노를 전공해도 되겠네"라는 말까지 건넸습니다.

세월이 흘러 아이는 고등학교를 졸업했고 몇 년간 연락이 끊겼습니다. 그러던 어느 날 아이가 SNS를 통해 제게 연락을 해 왔습니다. 제가 받은 메시지는 이러했습니다. "목사님! 감사합니다. 저를 응원해 주셔서 감사합니다. 저는 대학교에서 피아노를 전공했고, 음악을 통해서 하나님을 찬양하는 사람이 되려고 노력하고 있습니다!" 무심코 던진 칭찬이 아이에게 큰 위로와 힘이 되었고 사명의 근원이 되었던 것입니다.

감사를 표현하고 그 감사가 칭찬으로 연결될 때 아이들에게 감사와 칭찬을 해 주는 교사 자신이 행복해집니다. 그리고 교사의 신앙이 더 좋아집니다. 좀 더 인격적으로 성숙된 교사가 됩니다. 그뿐만 아니라 교사의 감사와 칭찬을 받은 아이들은 행복을 되찾고 큰 위로를 받을 수 있습니다. 그리고 감사와 칭찬을 배운 아이들 자신도 감사와 칭찬을 표현하는 자들로 변해 갑니다. 이것이 감사와 칭찬의 선순환이요, 능력입니다.

세 번째 덕목은 진실입니다. 우리가 일상생활을 하면서 범하기 쉬운 죄가 바로 거짓입니다. 우리는 거짓된 모습으로 살아갑니다. 거짓이란 남을 속이는 것을 말합니다. 우리는 너무 쉽게 남을 속입니다. 남을 속이는 것을 죄로 여기지 못합니다. 거짓의 범주에는 있지도 않은 일을 있었던 것처럼 말하는 것, 과장하는 것까지 모두 포함됩니다.

저도 설교 중에 거짓의 죄를 범하는 경우가 있습니다. 바로 과장 때문에 그렇습니다. 예를 들어, 설교의 주제를 강조하기 위해 '한 시간 동안 기도했다'는 자기 삶의 예화를 '세 시간 동안 기도했다'고 과장하며 강조할 수 있습니다. 교사도 마찬가지입니다. 아이들에게 가르칠 때, 자기 삶의 경험을 이야기할 때 과장해 부풀리는 것도 거짓임을 잊지 말아야 합니다. 정보를 속였기 때문에 거짓입니다.

거짓은 우리의 본성 속에 있습니다. 그렇게나 순수하고 깨끗한 어린 아기가 어느 순간부터는 거짓말을 하지 않습니까.

배고프지 않은데 괜히 배고픈 척을 하다가 막 울어 댑니다. 대변을 보지도 않았는데 관심을 끌기 위해 볼일을 본 척합니다. 말을 하기 시작하면 어느 순간 거짓말을 합니다. 그때 부모는 거짓말한 아이를 훈계하면서 "너 이 거짓말 어디서 배웠어?"라고 말합니다. 거짓말로 남을 속이는 것은 우리의 본성 속에 있기에 자신을 통제하지 않으면 아무 죄의식 없이 거짓말이 나오게 되어 있습니다. 사실 거짓이 나쁜 이유는 거짓이 진리를 왜곡한다는 측면 때문이지만, 거짓에 덧붙여 핑계라는 반응이 나타나기 때문입니다.

어린아이는 거짓말을 하고 들통이 나면 어떻게 할까요? 자기의 잘못을 시인하는 것이 아닙니다. 부모에게 두 손 모아 빌면서 자기가 잘못했다고 말하지 않습니다. 대신 옆에 있는 친구나 형제자매 탓을 하며 "쟤 때문에 이렇게 된 거예요. 쟤가 잘못했어요"라고 말합니다.

거짓은 우리의 본성 속에 있지만, 철저하게 죄입니다. 우리의 본성 속에 거짓이 들어오게 된 계기는 아담과 하와의 범죄 때문입니다. 아담과 하와는 에덴동산에서 행복하게 살았습니다. 하나님은 동산 중앙에 있는 선악과만은 먹지 말라고 말씀하셨습니다. 선악과를 먹으면 반드시 죽으리라고 경고하셨습니다.

하와가 선악과 근처에 왔을 때 뱀이 여자에게 와서 유혹했습니다. "하나님이 참으로 너희에게 동산 모든 나무의 열매를 먹지 말라 하시더냐"(창 3:1). 그러자 하와는 "동산 나무의 열매를 우리가 먹을 수 있으나 동산 중앙에 있는 나무의 열매는 하나님의 말씀에 너희는 먹지도 말고 만지지도 말라 너희가 죽을까 하노라 하셨느니라"(창 3:2-3)라고 말했습니다.

그러자 뱀이 무엇이라고 말합니까? "너희가 결코 죽지 아니하리라 너희가 그것을 먹는 날에는 너희 눈이 밝아져 하나님과 같이 되어 선악을 알 줄 하나님이 아심이니라"(창 3:4-5). 뱀이 한 말이 무슨 말입니까? 바로 거짓말입니다. 하나님의 말씀에 철저하게 반대되는 거짓말입니다. 진리를 왜곡하고, 사실을 바꿔 놓고, 정보를 변화시키는 거짓말입니다. 안타깝게도 하와는 이 유혹에 빠져 선악과를 따 먹었습니다. 그리고 얼마 후에 자기 남편 아담에게도 주어 그도 선악과를 먹게 했습니다. 드디어 인간이 최초로 죄를 짓게 된 것입니다.

그들이 죄를 짓고 난 후 하나님이 아담을 부르시고는 말씀하셨습니다. "내가 네게 먹지 말라 명한 그 나무 열매를 네가 먹었느냐"(창 3:11). 그때 아담이 어떻게 반응해야 했을까요? "하나님, 제가 잘못했습니다. 하나님의 말씀을 어겼습니다. 한 번만 용서해 주세요"라고 했어야 하지 않을까요. 그런데 아담은 "하나님이 주셔서 나와 함께 있게 하신 여자 그가 그 나무 열매를 내게 주므로 내가 먹었나이다"(창 3:12)라고 말했습니다. 다시 말해서, "하나님, 하나님이 내 옆에 있게 만드신 여자가 내게 열매를 줘서 먹은 것입니다. 하나님이 만드신 그 여자가 말입니다"라고 한 것입니다. 아담은 핑계를 여자에게 댔고, 더 나아가 하나님께 댄 것입니다. 어린아이가 거짓을 말하고 다른 사람 핑계를 대는 것은 원래 처음 사람 아담이 했던 반응이었습니다.

하와도 가만히 있지 않았습니다. 하나님이 여자에게 "네가 어찌하여 이렇게 하였느냐"고 말씀하시자 여자도 핑계를 댔습니다. "뱀이 나를 꾀므로 내가 먹었나이다"(창 3:13). 이처럼 거짓은 무섭습니다. 핑계가 계속됩니다.

아담과 하와의 거짓을 통해 알 수 있는 것은 바로 거짓은 거짓을 낳는다는 사실입니다. 마귀는 하와를 속였고, 하와는 아담을 속였습니다. 그리고 아담은 하나님을 속였습니다. 또한 거짓은 용서가 아니라 핑계를 낳습니다. 아담은 하와에게 핑계를 댔고, 하와는 뱀에게 핑계를 댔습니다. 그래서 무섭습니다.

거짓이 더 무서운 이유는 바로 하나님과의 관계를 끊기 때문입니다. 거짓은 하나님이 정말 싫어하시는 것입니다. 하나님은 진리이시기 때문입니다. 그래서 거짓말을 자꾸 하면 하나님과의 관계가 끊어지거나 왜곡됩니다. 하나님과의 관계가 끊어지면 인간과의 관계도 끊어집니다. 교사들은 거짓이 마귀에게 속한 것임을 잊지 말아야 합니다. 아니, 마귀의 존재 자체가 거짓입니다.

예수님은 마귀에 대해 이렇게 말씀하셨습니다.

그는 처음부터 살인한 자요 진리가 그 속에 없으므로 진리에 서지 못하고 거짓을 말할 때마다 제 것으로 말하나니 이는 그가 거짓말쟁이요 거짓의 아비가 되었음이라 요 8:44

마귀는 진리가 없으므로 진리 편에 서지 못합니다. 진리는 예수님이십니다. 그렇기 때문에 마귀는 예수님의 대적자입니다. 마귀는 거짓을 말할 때 제 것으로 말합니다. 가짜를 진짜같이 말하는 것입니다. 그래서 마귀는 거짓말쟁이고, 거짓의 아비입니다.

따라서 아이들의 모델인 교사는 거짓된 생각, 거짓된 말, 거짓된 행동을 버려야 합니다. 요즘 아이들은 거짓말을 정말 잘합니다. 교사가 먼저 모범을 보이고 진실해야 아이들도 진실을 배울 수 있습니다. 교회에서의 모습과 삶에서의 모습이 일치되어야 합니다. 그것이 바로 진실된 삶입니다. 가르침 속에서 과장이나 거짓된 정보를 완전히 없애야 합니다. 혹시 아이들에게 말실수를 했다면 핑계 대지 말고, 아이들에게 책임을 전가하지 말고 용서를 구하십시오. 교사도 실수할 수 있습니다. 그러므로 교사도 잘못했으면 하나님께 회개하고, 아이들에게 용서를 구해야 합니다.

최근 한 선생님으로부터 상담 요청을 받았습니다. 그 선생님은 저에게 "요즘 아이들은 가르치기가 참으로 힘듭니다"라고 말했습니다. 제가 "뭐가 힘드세요?"라고 묻자 구체적으로

어쩌다 교사

말해 주었습니다. "제가 이야기하면 꼭 아이들이 스마트폰으로 인터넷에 들어가서 제가 말한 것이 진짜인지, 아닌지 확인해 봅니다." 제가 아이들이 언제부터 그랬는지 다시 묻자 그 선생님이 한 일화를 털어놓았습니다.

예전에 한 아이가 던진 질문에 대한 답을 몰라 대충 지어내서 말했는데, 그 아이가 인터넷을 검색해 그 답이 틀렸다는 것을 발견해 냈습니다. 그러곤 자기에게 와서 따졌는데, 이 선생님은 오히려 아이를 혼내고 인터넷에는 잘못된 정보가 많으니까 찾아보지 말라고 했습니다. 그 후 선생님의 가르침에 대한 신뢰가 많이 떨어졌던 것입니다.

사실 이 문제에 대한 답은 한 가지입니다. 교사가 용감하게 아이들에게 용서를 구하는 것입니다. 그리고 교사인 자신도 모르는 것이 있다고 솔직하게 고백하는 것입니다. 이 일을 실천하기란 상당히 어려울 것입니다. 그래도 해야 합니다.

객관적으로 보면, 성경에서 다윗의 잘못이 사울의 잘못보다 컸으나 하나님은 다윗을 인정하시고, 끝까지 믿으시고, 세우셨습니다. 그 이유는 다윗은 잘못한 후 철저하게 회개했으나, 사울은 작은 잘못이었으나 계속 핑계를 댔기 때문입니다. 핑계를 버리고, 회개를 하고, 용서를 구해야 합니다. 거짓을 벗어버리고 진실해져야 어린아이와 같은 순수한 모습으로 변화될 수 있습니다.

교사는 모든 삶의 순간에 '하나님 앞에서'라는 개념을 가지고 살아야 합니다. 라틴어로 '코람 데오'(Coram Deo)입니다. 혼자 있을 때 내가 가르치는 아이는 나의 모습을 볼 수 없어도, 하나님은 보고 계심을 믿음의 눈으로 바라봐야 합니다. 그리고 한때 기독교 베스트셀러 제목처럼 '예수님이라면 어떻게 하셨을까?'를 항상 생각하며 살아야 합니다.

진리이신 예수님의 말씀을 듣고 진리를 붙잡는 삶, 거짓을 버리고 진실된 삶을 사는 교사들이 되기를 바랍니다. 이 시대 우리 아이들이 정말 진실하게 살아가는 예수님의 제자가 될 수 있도록 도와줍시다.

비전과 사명의 모델이 되어야 한다

교사는 일상생활 가운데 참된 비전을 품고 자기에게 맡겨진 일에 최선을 다해 사명을 감당하는 모델이 되어야 합니다. 더 나아가 아이들에게 비전과 사명을 깨닫게 해 주고, 하나님께 영광을 돌리고 기쁨을 드리는 삶을 살 수 있도록 아이들을 준비시키는 역할을 하는 멘토라야 합니다.

'비전'이라는 단어는 라틴어에서 유래했는데, '보다'라는 뜻을 가지고 있습니다. '내 인생은 무엇을 보는가?', 즉 나의 인생관과 세계관에 대한 관심이 바로 인생 목적에 대한 관심입니다. 성경에서 말하는 비전은 하나님을 찬양하고, 하나님께 영광을 돌리고, 하나님을 기쁘시게 해 드리는 것입니다.

그리고 '사명'을 정의하면, 하나님께 영광을 돌리고 하나님을 기쁘시게 해 드리는 비전을 구체적으로 내 삶의 현장 속에서 실천하는 것입니다. 사명은 매일매일 진행되고, 죽을 때까지 계속됩니다. 예를 들어, 목사라는 직업이 사명이라면 저는 벌써 사명을 마친 자입니다. 벌써 목사가 되었기 때문입니다. 그래서 사명은 직업이 아니고, 사명을 위한 도구가 직업입니다. 즉 목사가 되어서 내 삶의 현장 속에서 어떤 사명을 가지고 사느냐가 중요합니다.

제가 청소년 사역을 할 때는 청소년 선교가 제 사명이었습니다. 군종 목사로 사역할 때는 군 선교가 제 사명이었고, 인도네시아에서는 인도네시아에 있는 청소년들에게 복음을 전하는 것이 저의 사명이었습니다. 유학생 사역을 할 때에는 유학생들에게 하나님의 말씀을 가르치는 것이 저의 사명이었습니다. 신학교 교수 사역을 하고 있는 지금은 신학생들을 하나님이 기뻐하시는 사역자로 키워 내는 것이 저의 사명입니다.

하나님의 기쁨을 위해 일상을 살아가는 헌신된 사명자들은 자기가 가진 것을 다 수단으로 생각합니다. 하나님의 뜻을 위해 자신이 가진 것을 수단으로 여기는 것입니다. 저는 진정한 회개란 '지금까지 내 삶의 목적이라고 생각해 온 것을 다 하나님의 뜻을 위한 수단으로 바꾸는 것'이라고 생각합니다. 하나님을 믿기 전에는 돈을 많이 버는 것이, 명예를 얻는 것이, 권력을 얻는 것이, 건강한 것이 삶의 목적이었습니다. 그런데 하나님을 믿고 나서는 목적이라고 생각했던 그것을 하나님의 뜻을 이루기 위한 수단과 도구로 바꾸는 것입니다. 내가 가진 돈도, 내가 가진 건강도, 내가 가진 명예와 권력도 하나님의 뜻을 이루기 위한 도구로 사용하게 됩니다.

평생 하나님을 위해 헌신의 삶을 살았던 사도 바울의 사명은 무엇이었습니까?

> 내가 달려갈 길과 주 예수께 받은 사명 곧 하나님의 은혜의 복음을 증언하는 일을 마치려 함에는 나의 생명조차 조금도 귀한 것으로 여기지 아니하노라 행 20:24

바울의 사명은 예수님의 복음을 만방에 전하는 것이었습니다. 그리고 그 사명을 이루기 위해 그는 인간이 겪을 수 있는 모든 고난을 겪었습니다. 세상적인 관점에서 보면 바울은 아주 불행한 삶을 살았지만, 하나님의 관점에서 보면 그는 가장 행복한 삶을 살았습니다. 하나님이 인생을 만드신 목적대로 살았고, 하나님을 기쁘시게 해 드리는 구체적인 사명을 삶 속에서 발견하고 살았기 때문입니다.

나 주님의 기쁨 되기 원하네 내 마음을 새롭게 하소서
새 부대가 되게 하여 주사 주님의 빛 비추게 하소서

어쩌다 교사

내가 원하는 한 가지 주님의 기쁨이 되는 것

내가 원하는 한 가지 주님의 기쁨이 되는 것

("나 주님의 기쁨 되기 원하네")

진정 예수님의 기쁨이 되는 것이 교사들이 원하는 한 가지가 되어야 합니다. 이런 교사가 바로 비전과 사명의 모델로 아이들 앞에 설 수 있습니다. 교사는 자신이 먼저 비전대로, 사명대로 살아가면서 아이들도 일상생활 속에서, 그리고 그들의 미래를 위해 비전 따라, 사명 따라 살 수 있도록 격려하고 힘을 북돋아 주어야 합니다.

요즘 아이들은 공부에 치여 삽니다. 우리나라의 많은 아이가 입시 위주의 교육 속에서 '왜 공부하는지'에 대한 신앙적인 자각 없이 그저 공부하는 기계로 전락해 버렸습니다. 심지어 항존직 자녀들도 주일날 학원에 간다고 교회에 빠집니다. 시험 때가 되면 아이들이 교회에 나오지 않습니다. 하나님을 기쁘시게 해 드리려는 비전과 사명 때문에 공부하는 것임에도 하나님을 가장 기쁘시게 해 드리는 예배에 나오지 않는다는 것은 그야말로 주객이 전도된 경우이며 어불성설입니다.

교사는 하나님의 영광을 위해, 하나님의 기쁨을 위해 일상생활 속에서 살아가고 일하는 자신의 모습을 아이들에게 드러내고 자기 삶을 나누면서 '왜 공부해야 하는지'를 비전과 사명의 관점에서 정확히 깨닫게 해 주어야 합니다. 그리고 하나님이 아이들 각자에게 주신 재능과 흥미를 살피면서 그들의 사명을 확인해 주고, 어떻게 하면 구체적으로 하나님께 영광을 돌리며 살 것인지를 진지하게, 깊게, 자주 생각하게끔 도와주어야 합니다.

그리고 교사는 아이의 비전과 사명을 위해 구체적으로 기도해야 합니다. 제가 고등학교 1학년 때 만났던 교회 선생님은 저의 비전과 사명의 모델입니다. 그분은 좋은 직장을 그만두고 유학을 준비했습니다. 단순히 학위를 따기 위함이 아니라, 그 당시 우리나라에서는 생소했던 항공 선교사가 되어서 경비행기를 몰고 오지에 들어가 원주민들에게 하나님의 사랑을 전하고 음식을 나눠 주는 사명을 감당하기 위해 미국의 항공 학교에 진학하려는 것이었습니다.

그때 선생님이 우리에게 항공 선교사가 무엇인지 자주 말했고, 이와 관련된 영어로 된 책자도 많이 보여 주었습니다. 선생님의 이야기를 들으면서 그때 선생님이 참으로 멋있다고 생각했습니다. 그리고 나도 선생님과 같이 가난한 나라의 사람들을 도와주고, 예수님의 복음을 전해 주는 사람이 되고 싶다고 생각했습니다. 그 선생님이 유학을 떠날 때 저는 참으로 많이 울었고, 나중에 선생님을 반드시 또 만나서 멋있게 성장한 모습을 보여 드려야겠다는 결심을 했습니다.

그리고 그 결심은 이루어졌습니다. 제가 훗날 목사가 되고 하나님의 사명을 따라 인도네시아에 갔을 때 거기서 딱 만난

어쩌다 교사 *ARROWSHIP*

것입니다. 항공 선교사는 워낙 되기가 힘들기 때문에 선생님은 오랜 기간 유학하면서 항공 운전, 항공 정비 자격증을 땄습니다. 그리고 선교 훈련을 몇 년 받고 인도네시아 선교사로 파송되어 와 있었습니다. 인도네시아 땅에서 같은 사역자로 선생님을 만난 것입니다.

교사는 아이들의 신앙의 모델, 인격의 모델, 비전과 사명의 모델이 되어야 한다는 것을 잊지 말고, 하나님께 기쁨을 드리는 참된 교사가 되기를 간절히 소망합니다. 교회학교 교사는 가르치는 기술이나 말하는 기술만 뛰어난 교사가 되어서는 안 됩니다. 교회학교 교사는 삶이 아이들의 모델이 되어야 합니다. 이것이 교사의 본질입니다.

Part 03.

아무튼, 교사

아이들과 함께하는 시간이 즐거워진다

7.

다시 시작하자,
성실하게

○

교사직을 제대로 수행하기 위해
서는 성실한 사람이 되어야 합니다. 교회학
교 목회를 하다 보면 제일 힘든 부류의 교사
들을 만나게 됩니다. 첫 번째 부류는 한 달
에 한 번씩은 교회학교 예배에 빠지는 교사
입니다. 두 번째 부류는 꼭 5분, 10분씩 지
각하는 교사입니다. 세 번째 부류는 수련회
나 전도 축제와 같은 중요한 행사나 프로그
램에 은근슬쩍 빠지는 교사입니다. 네 번째
부류는 교회 회의나 교사 모임 때 개인적인
일이 있다며 빠지는 교사입니다. 물론 이유
야 여러 가지가 있겠지만 교회학교 예배나

모임에 참석하는 것, 지각하지 않는 것은 교사로서 지켜야 하는 가장 기본적인 자세입니다.

교사는 왜 성실해야 합니까? 답은 아주 간단합니다. 우리 하나님이 성실하신 하나님이시기 때문입니다. 기독교 신앙은 하나님을 닮아 가는 것입니다. 하나님을 따라 사는 것입니다. 우리의 모델은 하나님이십니다. 성경은 "나는 너희의 하나님이 되려고 너희를 애굽 땅에서 인도하여 낸 여호와라 내가 거룩하니 너희도 거룩할지어다"(레 11:45)라고 말합니다. 하나님이 거룩하시기 때문에 우리가 거룩해야 한다는 것입니다. 마찬가지로 하나님이 성실하신 하나님이시고 우리의 삶을 성실하게 인도해 주시기에 우리는 마땅히 성실하게 살아야 합니다.

그럼 성실하게 사는 것이 무엇입니까? '성실'이라는 단어의 구성 요소는 '일관성', '거짓이 없는 정직', '최선을 다하는 헌신'입니다. 그래서 하나님 앞에 거짓이 없이 일관되게 최선을 다해 교사의 직분을 감당하는 것이 바로 성실하게 교사직을 수행하는 모습입니다. 하나님은 절대 불성실한 교사를 통해 일하지 않으십니다. 하나님은 당신 앞에서 거짓이 없이 일관되게 최선을 다해 신앙생활을 하고 교사의 직분을 감당하는 사람을 쓰십니다.

성경에서 하나님께 쓰임 받은 사람들은 다 성실한 사람들입니다. 제가 가장 닮고 싶은 성경 인물인 요셉은 언제든지, 어디에 있든지 성실성을 잃지 않았습니다. 성실하게 살다가 이집트의 종으로 팔려갔습니다. 그러면 보통 사람 같으면 인생을 포기하고 자기 마음대로 살 것 같은데, 그는 이집트의 종으로 살면서도 성실함을 계속 유지했습니다. 그러니까 주인이었던 보디발이 자신의 전 재산, 모든 것을 종인 요셉에게 맡겼습니다. 이것은 대단한 일입니다.

이렇게 성실하게 살던 요셉은 보디발의 아내의 유혹을 받게 되는데, 그 유혹을 뿌리치고 하나님 앞에서 성실하게 처신하다가 결국 감옥에 갔습니다. 이쯤 되면 이제 성실함을 완전히 버릴 것 같은데, 그는 감옥에서도 성실하게 살았습니다. 그러니까 간수장이 죄수를 다 요셉의 손에 맡겼습니다. 그리고 감옥 내 제반 사무를 요셉이 다 처리했습니다.

성경에서 요셉의 성실성에 대해 설명할 때면 "여호와께서 요셉과 함께하심이라"(창 39:23)라는 말씀이 뒤따라옵니다. 하나님이 함께하시는 자의 외적인 모습이 바로 성실함이라는 것입니다. 결국 그 성실함 때문에 하나님이 나중에 요셉을 이집트의 총리로 쓰셨으며, 고대 근동 지방에 7년 대흉년이 왔을 때 많은 생명을 살리는 역할을 하도록 이끄셨던 것입니다. 그래서 요셉의 사역은 나중에 예수님의 구원 사역의 예표가 됩니다.

성실성은 인격입니다. 즉 하루아침에 만들어지지 않습니다. 하나님의 은혜와 자신의 의지적인 노력으로 배양되는 것입니다. 성실성을 배양하기 위해 몇 가지는 꼭 지켰으면 좋겠습니다.

어쩌다 교사

새해 첫 주에 한 해의 목적과 목표를 쓰자

첫 마음이 중요합니다. 그리고 더 중요한 것은 첫 마음을 유지하는 것입니다. 새해 첫 주에 자기가 결심한 '목표'를 큰 그림인 '목적'을 바탕으로 구체적으로 써야 합니다.

'목적'과 '목표'는 같은 말 같으나 다릅니다. 교육학에서 '교육 목적'은 추상적이면서 광범위한 비전을 의미합니다. 그리고 '교육 목표'는 그 목적을 이루기 위한 구체적인 계획입니다. 교육 목적이 큰 그림이라면, 교육 목표는 큰 그림 안에 있는 작은 그림에 비유할 수 있습니다. 교육 목적을 숲에 비유한다면, 교육 목표는 숲속에 있는 나무들입니다.

교육 목표는 행동 지향적이고 평가가 가능하게 만들어야 합니다. 예를 들어, '올 한 해 우리 반을 양적으로 부흥시키겠다'는 것은 목적입니다. 그러면 목표는 우리 반을 양적으로 부흥시키기 위한 행동 지향적이고 평가 가능한 구체적인 계획이 되는 것입니다. 아이들에게 전도 대상자 카드를 쓰게 하거나, 일주일에 한 번 학교 앞 전도를 시행하거나, 새 친구를 전도한 아이에게는 책을 선물하는 것 등이 목표가 될 수 있습니다.

목적은 몇 가지 영역으로 나누는 것이 좋습니다. 기도의 영역처럼, 목적 설정의 영역도 첫 번째는 영적인 영역, 두 번째는 가르침의 영역, 세 번째는 관계적인 영역, 네 번째는 일상적 삶의 영역으로 나눌 수 있습니다.

첫 번째, 영적인 영역에서는 1년 동안 하나님께 더 가까이 가기 위한 목적과 그에 따르는 목표들을 설정합니다. 예를 들어, '하나님을 더 잘 알아 가기'가 목적이라면 그에 따르는 목표들은 '하루에 한 장 성경 읽기, 하루에 30분 기도하기, 수요 예배 빠지지 않고 드리기'가 될 수 있습니다.

두 번째, 가르침의 영역에서는 1년 동안 교회에서 아이들을 잘 가르치기 위한 목적과 그에 따르는 목표들을 설정합니다. 예를 들어, '아이들이 이해할 수 있도록 성경 말씀 가르치기'가 목적이라면 그에 따르는 목표들은 '아이들이 쓰는 언어 사용하기, 시청각 자료 사용하기, 아이들로부터 피드백 받기'가 될 수 있습니다.

세 번째, 관계적인 영역에서는 1년 동안 아이들과 동료 교사들과 부서 담당 교역자가 친밀한 관계를 형성하기 위한 목적과 그에 따르는 목표들을 설정합니다. 예를 들어, '아이들의 삶 이해하기'가 목적이라면 그에 따르는 목표들은 '한 주에 한 번 일대일로 아이들과 만나서 이야기하기, 아이들에게 기도 제목 받기, 한 달에 한 번 아이들의 부모와 만나기'가 될 수 있습니다.

네 번째, 일상적 삶의 영역에서는 1년 동안 교사의 직분을 잘 감당하기 위해서 나의 삶 속에서 추구해야 하는 것에 대한 목적과 그에 따르는 목표들을 설정합니다. 예를 들어, '상식 늘리기'가 목적이라면 그에 따르는 목표들은 '한 달에 한 권

책 읽기, 매일 신문 보기, 백과사전 보기'가 될 수 있습니다.

예배 15분 전부터는 자리에서 아이들을 기다리자

교사가 교회학교 예배에 빠지는 것은 절대로 있을 수 없는 일입니다. 이것은 마치 담임 목사가 바쁘다고 주일에 교회에 안 나오는 것이나 마찬가지입니다. 내가 책임지고 있는 반에서 교사는 아이들에게 담임 목사와 같은 존재임을 절대 잊지 말아야 합니다. 매주 출석은 아주 당연하고, 교사로서 반드시 지켜야 하는 일입니다.

목회 경험에 비추어 볼 때 청년 교사들이 교회학교 예배에 종종 빠지는 경향이 있는데, 이것은 나이가 어리다는 이유로 용납될 수 있는 문제가 아닙니다. 나이와 상관없이 교사는 교사입니다. 나이가 어려도 아이들에게는 교사라는 사실을 절대로 잊어서는 안 됩니다.

기독교 교육을 공부하면서 제일 안타까운 부분이 바로 기독교 교육에서는 '평가' 부분이 약하다는 것입니다. 일반 교육에서는 교육 평가가 매우 중요하고 잘 진행되는 데 비해 기독교 교육에서는 평가가 참으로 어려운 것이 사실입니다. 예를 들어, 교회학교 예배에 잘 빠지는 교사를 평가해서 그에 따르는 벌을 준다고 하면 그 벌을 달게 받을 교사는 거의 없을 것입니다. 치사하다고 교사를 그만두거나 아예 교회를 떠날지도 모릅니다. 그런데 우리가 반드시 기억해야 하는 점은 하나님은 우리를 평가하신다는 것입니다. 물론 하나님은 상대평가를 하지는 않으십니다. 하나님은 절대평가를 하시는 분이니까 하나님을 너무 무섭게 생각하지는 않기 바랍니다.

마태복음 25장에 달란트 비유가 나옵니다. 한 주인이 다른 나라에 가게 되어 종들을 불러 자기 소유를 맡겼습니다. 종들의 재능대로 한 사람에게는 금 다섯 달란트를 주었고, 또 한 사람에게는 두 달란트를 주었으며, 나머지 한 사람에게는 한 달란트를 주었습니다. 주인이 의도한 바는 종들이 자신이 받은 것을 가지고 최대한 노력해서 그만큼의 금을 더 남기는 것이었습니다.

얼마 후 주인이 다시 와서 금 다섯 달란트를 받은 자에게 "얼마 남겼느냐?"라고 물었습니다. 다섯 달란트를 받은 자는 그 달란트를 가지고 열심히 노력해서 다섯 달란트를 더 남겼다고 말했습니다. 그러자 주인은 그에게 '착하고 충성된 종'이라고 하며 칭찬했습니다. 금 두 달란트를 받은 자도 그 달란트를 가지고 열심히 노력해서 두 달란트를 더 남겼다고 했습니다. 그러자 주인은 역시 '착하고 충성된 종'이라며 동일하게 칭찬했습니다. 마지막으로 주인은 금 한 달란트를 받은 자에게 "얼마 남겼느냐?"라고 물었습니다. 그는 "당신의 달란트를 땅에 감추어 두었었나이다"(마 25:25)라고 말했습니다. 그러자 주인은 '악하고 게으른 종'이라고 말하면서 금 한 달란트를 빼앗아 금 열 달란트를 가진 자에게 주었습니다.

여기서 절대평가의 하나님을 발견하게 됩니다. 하나님은 우리를 상대적으로 평가하지 않으십니다. 그러나 하나님은 우리가 자신의 가능성 안에서 얼마나 최선을 다했는가, 우리의 한계 안에서 얼마나 성실했는가를 보고 평가하신다는 사실을 우리는 기억해야 합니다.

예배에 항상 빠지지 말고 참여하며, 예배 15분 전에는 자리에 앉아 아이들을 기다리는 것은 교사로서 당연히 실천해야 하는 성실한 모습입니다. 아이들보다 늦게 오는 교사는 아이들이 존경하지 않습니다. 예전에 교회학교 아이들에게 "어떤 교사를 신뢰할 수 없는가?"라는 주제로 설문을 한 적이 있습니다. 제일 많이 나온 응답 1위와 2위는 바로 '주일에 빠지는 교사'와 '학생보다 늦게 오는 교사' 순이었습니다. 아주 쉽게 생각해서, 담임 목사가 예배를 시작하고 나서 헐레벌떡 예배당에 들어온다고 생각해 보세요. 성도들이 어떤 눈으로 담임 목사를 바라볼까요? 가장 기본을 지킬 때 아이들은 교사들을 존경하게 됩니다.

한 교회 중고등부에서 교사들끼리 '예배 15분 전에 자리에 앉아서 아이들 기다리기'라는 캠페인을 진행한 적이 있습니다. 이 캠페인을 벌인 이유는 지각하는 교사가 많았기 때문입니다. 설교가 마칠 때쯤 예배당에 들어오는 등 습관적으로 늦게 오는 교사도 있었습니다. 그들이 스스로의 문제를 깨닫기를 간절히 원하는 마음으로 열심인 교사들을 주축으로 캠페인을 시작했습니다.

늦게 오던 교사들은 처음에는 변함없이 늦게 왔습니다. 그러면 그럴수록 열심인 교사들이 더욱 일찍 와서 자리에 앉아 있었습니다. 다행히 늦게 오는 교사들보다 빨리 오는 교사들이 점점 많아졌습니다. 시간이 갈수록 캠페인의 효과가 나타나서 몇 달 후에는 늦게 오는 교사가 아주 민망해하는 상황이 연출되었습니다. 결국 6개월가량 지난 후 교사들 대부분이 예배 15분 전에 예배당에 들어와 아이들을 맞이해 주게 되었습니다.

이 캠페인의 효과는 교사들에게만 나타난 것이 아닙니다. 교사들이 먼저 자리를 잡고 앉아서 아이들을 기다리고 있자 아이들도 지각을 하면 민망해하고 자기 반 선생님에게 미안해하는 것이었습니다. 그래서 결국 아이들의 지각 습관까지 고칠 수 있었습니다.

교회학교 행사나 프로그램에 꼭 참여하자

교회학교 목회를 해 보면 매주 예배에 빠지지 않고 성실하게 참석해 아이들을 가르치는데, 유독 중요한 행사나 프로그

어쩌다 교사

램을 시행할 때는 조용히 집에 가는 교사들이 종종 있습니다. 저는 그 모습을 보며 정말 안타까웠습니다. 교회학교 행사나 프로그램도 중요합니다. 아이들에게 너무나 필요하기에 진행하는 것입니다. 그렇기 때문에 교사들은 혹시 자기가 진행하지 않을지라도 책임감과 성실함을 가지고 적극적으로 참여해야 합니다.

남자 청소년들과 남자 교사들이 예배를 마치고 정기적으로 축구를 한 적이 있습니다. 그런데 축구를 싫어한다는 이유로 축구하러 단 한 번도 나오지 않은 선생님이 있었습니다. 그분이 맡은 반 아이들의 참여율이 낮은 것은 당연했고, 아이들은 축구하러 나와도 자기 반 선생님이 없어선지 이상하게 소외감을 느꼈습니다. 그래서 제가 선생님에게 축구는 안 해도 좋으니까 나와서 박수라도 보내 달라고 부탁했습니다. 하지만 선생님은 그 후에도 계속 축구 모임에 나오지 않았습니다.

그러던 어느 날 그 선생님이 새로 산 축구 유니폼을 착용하고 운동장에 나타났습니다. 아이들은 그 선생님이 나오리라고는 꿈에도 생각하지 못했기 때문에 보자마자 환호성을 질렀습니다. 알고 보니 그 선생님은 유니폼만 좋았지, 정말 안타까울 만큼 축구를 못했습니다. 그러나 아이들은 선생님이 실수하는 모습을 보며 더욱 좋아했습니다. 이후 아이들과 선생님의 관계는 더욱 끈끈해졌습니다.

교회 프로그램 하면 뭐니 뭐니 해도 중요하게 떠오르는 것이 바로 수련회(성경학교)입니다. 예전에 어느 기독교 신문을 보았는데, 한국 교회 성도들에게 "하나님을 언제 인격적으로 처음 만났습니까?"라는 질문을 했더니 약 70퍼센트가 교회학교 수련회에서 만났다고 답을 했다고 합니다. 교사들 중에도 교회학교 수련회에서 하나님을 만나고 경험한 분들이 많을 것입니다. 수련회가 이처럼 중요하기 때문에 교사들은 수련회를 다 같이 주도적으로 준비하고 적극적으로 참여해야 합니다.

제 경험에 의하면, 수련회 시즌마다 교사들이 수련회에 가는 교사와 수련회에 가지 않는 교사로 나뉘는 모습을 보게 됩니다. 수련회 준비 회의는 기존 회의와 따로 진행하기에, 수련회에 가지 않는 교사는 갑자기 소외감을 느끼게 되고 아예 교사 회의에 참여하지 않습니다. 이렇게 되어서는 안 됩니다. 정말 피치 못할 사정으로 수련회에 가지 못하는 교사도 수련회를 끝까지 같이 준비하고, 못 가는 만큼 더 많은 시간을 내어 준비하고 헌신해야 합니다.

매년 청소년부 수련회에 총무로 참여하는 선생님이 있었습니다. 그분은 직장 일로 바빴고, 직장에서도 그리 높은 직책이 아니었습니다. 그럼에도 여름에 단 3일 있는 휴가를 여름 수련회를 위해 보냈고, 그냥 참여만 하는 것이 아니라 총무로 헌신했습니다. 더 놀라운 것은, 아내분도 직장생활을 하면서 교사로 섬겼는데 수련회를 위해 그 귀한 휴가를 다 썼습니다. 당연히 이 부부 교사의 자녀들도 수련회에 모두 참여했습니다.

어쩌다 교사

그래서 그분은 "매년 가족 휴가는 교회의 여름 수련회입니다"라고 말했습니다. 그 말에 너무나 큰 감동을 받았습니다. 이런 교사들이 있기에 한국 교회 교회학교는 아직 희망이 있다고 확신했습니다.

코로나19 기간에 온라인으로 수련회를 진행하는 교회가 많이 있습니다. 온라인 수련회 준비는 더더욱 많은 일손을 필요로 합니다. 왜냐하면 기존의 준비에 더해 영상 촬영, 송출, 편집과 관련된 준비가 요구되기 때문입니다. 그래서 이제는 수련회 준비를 할 때는 보다 교사들의 은사에 맞게끔 이끌어 가야 합니다. 영상을 잘하는 교사는 영상으로, 레크리에이션을 잘하는 교사는 레크리에이션 준비 및 진행으로, 소그룹 나눔을 잘하는 교사는 조별 담임으로 활동하게 해야 합니다. 제일 중요한 것은 계속해서 강조하듯이 기본기, 즉 본질입니다. 기본기이자 본질은 바로 성실함입니다.

교사 회의에 늦지 않게 참석하자

회의에 관심 없다며 교사 회의에 빠지는 교사들은 반성해야 합니다. 교사 회의를 하는 이유는 교회학교를 더 잘 섬기기 위해서입니다. 그리고 교사 회의를 통해 교사들 간에 교제가 이루어집니다. 아무리 바빠도 교사 회의 시간에 늦지 말고, 빠지지 말고 참여해야 합니다. 이와 더불어 각 교회는 교사 회의가 너무 딱딱한 분위기로 진행되지 않도록 노력해야 합니다. 교사 회의는 직장에서 갖는 회의가 아닙니다. 함께 간식도 나누고, 살아가는 이야기도 하고, 비판이 아닌 칭찬과 격려가 있는 시간이 교사 회의 시간이 되어야 합니다. 그럴 때 교사들이 재미있어서라도 교사 회의에 참여하게 될 것입니다.

교사 회의를 진행할 때 '칭찬합시다!'라는 캠페인을 진행한 적이 있습니다. 매주 좋은 행동을 한 교사, 모델이 될 만한 교사를 다른 동료 교사가 추천해서 칭찬하는 방식이었습니다. 동료 교사가 한 교사를 추천하면서 칭찬받을 만한 구체적인 내용을 소개하면, 모든 교사가 추천받은 교사를 박수로 격려하고 마음에서 우러나오는 진심 어린 축복을 해 주었습니다. 예를 들어, "저는 오늘 ○○○ 선생님을 칭찬합니다. 선생님은 오늘 가장 일찍 예배당에 들어가 아이들을 맞이하셨고, 예배를 마치고 나서는 예배당 정리를 혼자 다 하고 나오셨습니다!" 등입니다. 그리고 칭찬받은 교사에게는 작은 선물을 주었습니다.

교사들은 매주 선발되는 좋은 교사에 뽑히기 위해 정말 열심히 사역했고, 교사 회의는 화기애애하고 활력이 넘쳤습니다. 더 좋았던 것은, 교사들이 교사 회의를 기다리기 때문에 교사 회의에 빠지는 교사가 거의 없었던 것이었습니다.

어쩌다 교사

아이들과 무시로 소통하자

주중에 아이들에게 전화하고 온라인으로 소통하는 것은 필수입니다. 성실성은 지속성입니다. 따라서 새해 첫 달인 1월한 달만 결심하고 실천하는 것이 아니라, 12월 말까지 끝까지해야 합니다. 교사는 아이들과 일주일에 한 번 만나지는 못할지언정 전화는 꼭 해야 합니다. "요즘은 전화를 하면 아이들이 싫어해요"라고 말하는 교사가 있는데, 그렇지 않습니다. 관계가 형성된 상태에서 전화하는 것은 교육적인 효과가 아주큽니다. 요즘 아이들은 친구들끼리 전화를 잘 안 하기에 오히려 누군가가 전화를 걸면 귀찮게 여기지 않고 좋아합니다. 아이들 입장에서 좋아할 만한 선생님이 되면 아이들이 선생님의전화를 기다리게 됩니다.

저는 교사로 사역할 때, 교육 전도사로 사역할 때, 교육 목사로 사역할 때 제가 맡고 있는 아이들에게 전화 심방을 아주많이 했습니다. 아이들과 친해지고 나니까 제가 전화를 거는횟수보다 아이들이 저에게 전화하는 횟수가 더 많아졌습니다.밤 12시에 학원 마치고 제게 전화하는 아이들도 있었습니다.

만날 시간이 없다면 일주일에 한 번 전화 통화라도 해야 합니다. 그리고 궁극적으로는 아이들이 교사에게 전화하게 만들어야 합니다. 그만큼 아이들이 교사를 신뢰한다는 뜻이기 때문입니다.

전화 심방 외에 일주일에 한 번은 아이들이 주로 쓰는 SNS에 따뜻한 메시지를 남기고, 세 번 이상 메시지를 보내야 합니다. 두 달만 꾸준히 하면 아이들과의 친밀감이 높아지고, 교사 자신의 성실함은 배가될 것입니다.

요즘 아이들은 온라인 세대이기 때문에 직접 만나서는 속이야기를 잘 안 하지만, 온라인 메신저 등을 통해서는 자기 이야기를 잘합니다. 제가 한 교회에서 만난 중학교 3학년 남학생은 대면하면 꿀 먹은 벙어리인데, 그 당시 유행했던 SNS를 통해서는 가장 말을 잘했습니다. 제게 심심하면 메시지를 보내주었습니다. 당시 청소년들이 주로 사용하는 구어체로 메시지를 얼마나 잘 쓰는지, 메시지를 읽을 때마다 직접 그 아이와 대화하는 것같이 느껴졌습니다.

그 아이의 메시지를 보고 답장을 보내면 또 메시지를 주고, 저는 또 답장을 보내면서 대화를 진행했습니다. 그러면서 저는 그 아이와 친해졌다고 생각했습니다. 그런데 막상 주일에 교회에 가서 그 아이를 만나면 또 꿀 먹은 벙어리로 변했습니다. 그때는 참으로 이해하기 힘들었습니다. 교사들은 요즘 이런 아이들이 많다는 것을 기억하면서 SNS를 잘 활용해야 합니다.

성실함을 통해 하나님을 기쁘시게 해 드리고, 아이들에게 감동을 주는 교사가 되기를 간절히 소망합니다.

8.

전문가가 되자,
철저하게

○

교사는 공과 공부 준비를 철저하
게 해야 합니다. 아이들은 공과 공부를 통해
하나님의 말씀을 구체적으로 공부하게 됩
니다. 삼위일체 하나님을 알아 가게 됩니다.
기독교 세계관을 배우게 됩니다. 교사 및 또
래 아이들과 어울리면서 공동체가 무엇인
지를 배워 가게 됩니다. 이처럼 공과 공부는
아이들에게 중요한 신앙 교육 시간입니다.

어떤 교사는 내용보다 아이들이 즐겨 사
용하는 언어에만 관심을 두고 아이들을 가
르칩니다. 예를 들면 이렇습니다. "얘들아!
오늘 말씀에는 로맨스를 가장한 대박 막

장 드라마가 나와. 다윗왕이 밧세바라는 여자를 보고 썸 타다가 궁으로 부르거든. 그래서 결국 하나님 앞에 무서운 죄를 짓게 된단다." 어떤 교사는 너무나 바쁜 삶을 사느라 공과 공부를 준비하지 못해 아이들이 돌아가면서 이야기를 나누다가 공과 공부 시간이 끝나고 맙니다. 어떤 교사는 재미있는 이야기만 늘어놓다가 공과 공부 시간을 마칩니다. 어떤 교사는 재정적으로 여유가 있어서 매주 간식으로 공과 공부 시간을 때웁니다. 그럼에도 모이는 인원은 제일 많아서 능력 있는 선생님으로 인정받습니다.

이러한 교사들은 하나님의 말씀을 가르치기 위한 준비 관점에서 보면 좋은 교사라고 말하기 힘듭니다. 좋은 교사는 공과 공부를 철저하게 준비하고, 하나님의 말씀을 제대로 가르치는 교사입니다.

어떤 교사는 시대가 바뀌어서 내용만 전달하는 일방적인 강의는 아이들이 좋아하지 않는다고 말합니다. 맞는 말입니다. 제가 말하고자 하는 것은 일방적인 강의를 하라는 의미가 아닙니다. 아이들의 이야기를 많이 듣는 방식으로 공과 공부를 진행하든, 예능 프로그램에 나오는 아이들이 좋아하는 말을 사용하든 먼저 공과 공부의 주제, 본문 말씀을 완전히 익히고 교안을 만드는 등 철저하게 준비하고 나서 하라는 뜻입니다.

목회자가 설교 준비가 전혀 안 된 채로 강단에 올라가서 말씀을 전해도 됩니까? 안 됩니다. 저는 꽤 오랜 시간 설교자로

어쩌다 교사

살았지만 지금도 처음 설교를 했을 때와 변함없이 철저하게 설교 준비를 합니다. 그리고 문장으로 된 전체 원고를 다 쓰고 내용을 전부 외웁니다. 그래서 설교할 때는 원고를 거의 보지 않습니다. 때로는 저도 설교 원고를 쓰는 것이 번거롭게 느껴질 때가 있습니다. 그러나 원고 전체를 쓰는 이유는 설교를 철저하게 준비하고 싶어서입니다.

교사가 준비하지 않고 아이들을 대충 가르치면 아이들은 '우리 선생님, 공과 공부 준비를 안 했구나!' 하고 눈치를 챕니다. 선생님이 상처받을까 봐 말은 하지 않지만, 실은 우리 아이들은 다 알고 있습니다. 그리고 무엇보다도 하나님이 잘 아십니다. 혹시 공과 공부를 많이 준비했는데도 잘 안된다는 생각이 드는 교사가 있다면 힘을 내기 바랍니다. 하나님이 다 아시기 때문입니다.

아이들에게 먹을 것을 잘 사 주면 그 반이 부흥할까요? 처음에는 그런 것처럼 보일 수 있습니다. 하지만 공과 공부는 영적인 일이기 때문에 영의 양식인 말씀을 잘 먹여 주어야 반이 양적으로나, 질적으로나 부흥할 수 있습니다.

많은 교사가 공과 공부를 어떻게 준비하면 좋을지, 어떻게 가르치면 좋을지 궁금할 것입니다. 아주 좋은 방법과 적용점들을 살펴보겠습니다.

기도와 묵상과 함께하자

기도가 빠진 공과 공부 준비는 앙꼬 없는 찐빵과도 같습니다. 기도를 통해 하나님의 지혜와 능력을 구해야 합니다. 공과 공부 준비를 기도와 함께할 때 '나의 가르침을 하나님께 맡겨 드린다'는 표현이 가능합니다. 또한 그 기도 시간은 하나님을 의지하는 가장 거룩한 순간이 됩니다.

공과 교재를 가지고 공과 공부 준비를 하는 요일은 교사들의 시간적 여건에 따라 다르겠지만, 제 경험상 목요일이 좋은 것 같습니다. 너무 일찍 공과 공부 준비를 해 놓으면 잊어버리기 때문입니다. 그렇다고 월요일부터 수요일까지는 아무 일도 하지 말라는 의미가 아닙니다. 월요일과 화요일에는 다음 주의 공과 공부 본문을 확인하고 네다섯 종류의 성경 번역본을 참고해 본문을 읽고 묵상하고 기도하는 시간을 가져야 합니다. 기도할 때 하나님이 본문 말씀을 철저하게 깨달을 수 있도록 지혜와 능력을 주십니다.

다양한 번역본으로 성경을 읽으면 재미있고 더 풍성한 묵상을 할 수 있습니다. 예를 들면, 개역개정성경, 현대인의성경, 새번역성경, 쉬운성경, NIV영어성경을 비교하면서 읽고 묵상하는 것입니다. 그리고 수요일에는 묵상한 말씀을 바탕으로 '세 가지 유형의 질문' 만들기를 합니다. 이에 대해서는 다음에 자세히 살펴보겠습니다(154쪽 이하 참고).

어떤 교사는 공과 공부 준비를 할 때 곧바로 공과 교재를 펴서 본문을 읽고 공과 교재를 쭉 다 읽습니다. 그것은 좋은 방법이 아닙니다. 본문 말씀을 읽고 곧바로 공과 교재를 읽으면 그 교재에 얽매이게 됩니다. 공과 교재를 읽지 않은 상태에서 본문 말씀만 확인하고 바로 묵상에 들어가야 아주 깊은 묵상이 이루어질 수 있고, 자기만의 교육 내용이 풍성해집니다.

나만의 교안을 만들자

교회교육에서 사용할 수 있는 교육 방법은 강의, 설명, 선포, 브레인스토밍, 토론, 질문, 사례 연구, 역할극, 협력 학습, 발견, 현장 학습, 게임 등 너무나 다양합니다. 이 방법들 중에 교회 위치와 여건과 구성원에 상관없이 사용할 수 있는 교육 방법은 바로 질문법입니다. 질문법은 전 연령대에서 사용할 수 있는 교육 방법으로, 질문의 내용과 수준은 연령대에 맞게 조정하면 됩니다.

질문법은 교사가 일방적으로 아이들을 가르치는 방식에서 벗어나서 교사와 아이들이 상호 작용하는 쌍방향적인 교육 방법이라는 데 의의가 있습니다. 질문은 '질문의 내용'과 그에 따르는 '응답', 그리고 응답에 대한 '반응'으로 구성되어 있습니다. 예를 들어 보겠습니다. 교사가 "이스라엘 백성을 이집트에서 이끌고 나온 사람은?"이라는 질문의 내용을 던지면, 그다음에 아이가 "모세"라고 응답할 수 있습니다. 그러면 교사는 "아주 잘 알고 있네. 잘했어!"라고 반응할 수 있습니다. 또한 교사가 "예수님은 어디에서 태어나셨지?"라는 질문의 내용을 던지면, 그다음에 아이가 "나사렛"이라고 응답할 수 있습니다. 이것은 오답입니다. 그러면 교사는 "나사렛 말고 또 다른 이스라엘의 도시를 생각해 볼래?", 또는 "예수님이 태어나신 곳은 베들레헴이야"라고 반응할 수 있습니다.

질문법을 잘 사용하면 아이들의 사고를 자극해 생각하는 아이로 자라게 할 수 있습니다. 질문법은 아이들로 하여금 교육의 내용을 정리하고 종합할 수 있게끔 도와줍니다. 그리고 자기 의견을 전달하는 의사소통 훈련이 되기도 하고 논리적인 말하기 훈련도 가능합니다. 또한 아이들이 질문에 답변함으로써 공과 공부 시간에 흥미와 주인의식을 가지고 주도적으로 참여할 수 있도록 유도하기도 합니다. 또한 다른 아이들의 응답을 들으면서 다른 사람의 의견을 청취하는 법도 깨닫게 할 수 있습니다.

일반적으로 질문은 세 가지 유형으로 나누어집니다. 이 세 가지 유형은 순서대로 사용합니다. 첫 번째는 지식적인 질문 유형입니다. 두 번째는 해석적인 질문 유형이고, 세 번째는 적용적인 질문 유형입니다.

첫 번째, 지식적인 질문은 성경에 나온 사실 그대로의 내용에 대해서 물어보는 것입니다. 성경 본문을 바탕으로 인물, 사물, 장소, 시간, 수단에 관한 질문을 합니다. 지식적인 질문을 찾기 위해서는 '누가', '언제', '어디서', '무엇을', '어떻게'에 대해 관심을 가지고 성경 본문을 읽어야 합니다. 지식적인 질문은 또다시 네 가지 형태로 나누어질 수 있습니다. 즉 진위형, 선택형, 단답형, 완결형입니다.

예를 들어, "예수님이 십자가를 지신 곳은 '골고다'이다" 등 "예", "아니오"로 답할 수 있는 질문은 진위형이고, "다음에서 예수님이 십자가를 지신 곳은 어디인가? 1번 골고다, 2번 마가단, 3번 갈릴리" 등 선택지를 제공하는 질문은 선택형입니다. 또한 "예수님이 십자가를 지신 곳은 어디인가?"라는 질문은 단답형이고, "예수님이 십자가를 지신 곳은 ○○○이다"라는 질문은 완결형입니다. 우리는 지식적인 질문을 할 때 주로 단답형을 많이 사용하는 경향이 있는데, 진위형, 선택형, 단답형, 완결형을 골고루 사용함으로 교육 효과를 더욱 높이면 좋겠습니다.

두 번째, 해석적인 질문은 지식적인 질문에 대한 답을 바탕으로 아이들의 사고를 자극하여 그 사실이 어떠한 의미를 가지고 있는지를 생각하게 만드는 질문입니다. 쉽게 말해, "왜?"라고 물어보는 것입니다. 예를 들어, 앞서 살펴본 지식적인 질문을 바탕으로 "왜 예수님은 십자가를 지셨을까?"라는 해석적인 질문을 던질 수 있습니다.

세 번째, 적용적인 질문은 해석된 의미를 아이들 개개인의 생활과 연결해 자신의 삶의 환경에서 적용할 수 있도록 이끄는 질문입니다. 예를 들어, "예수님은 나를 위해 십자가를 지셨는데, 나는 예수님께 무엇을 드릴 수 있을까?", "예수님은 나를 위해 희생하셨는데, 나는 학교 친구들을 위해서 무엇을 희생할 수 있을까?" 등의 적용적인 질문을 던질 수 있습니다.

교사는 이렇게 중요한 질문법을 공과 준비부터 사용해야 합니다. 이 방법을 사용하면 아이들을 가르치는 데 효과적일 뿐만 아니라 교사 스스로 깊은 묵상을 하는 데도 아주 큰 유익이 됩니다. 결국 교사 자신의 성경을 보는 시각이 넓어지고 깊어집니다. 교사는 본인의 신앙을 위해 말씀을 묵상하는 동시에 공과 준비도 하게 되는 것입니다.

앞서 이야기한 대로 월요일에서 수요일까지는 기도하고 공과 공부 본문 말씀을 묵상하면서 본인만의 질문 노트를 만듭니다. 질문 노트에는 지식적인 질문, 해석적인 질문, 그리고 적용적인 질문으로 구분한 질문표를 매 주일 만들어 두고, 각각 다섯 세트씩 질문할 수 있는 내용을 기록합니다. 질문표의 내용은 공과 진행 시 중요한 포인트가 됩니다.

공과 공부 날짜	본문 말씀 요한복음 6장 1-15절	교사 ○○○
지식적인 질문	해석적인 질문	적용적인 질문
1. 얼마나 많은 사람이 있었는가?	1. 왜 많은 사람이 예수님께 왔을까?	1. 나는 어느 때에 예수님께 나아가야 할까?
2. 그 많은 사람이 어디에 있었는가?	2. 왜 많은 사람이 그곳에 있었을까?	2. 나는 예수님의 말씀을 듣기 위해 어떤 노력을 해야 할까?
3. 그들은 무엇을 원하고 있었는가?	3. 왜 그들은 그것을 원했을까?	3. 나는 삶 속에서 예수님께 무엇을 구할까?
4. 누가 무엇을 예수님께 바쳤는가?	4. 왜 그것을 바쳤을까?	4. 나는 예수님께 무엇을 바칠 수 있을까?
5. 다 먹고 나서 남은 조각이 얼마나 되었는가?	5. 왜 예수님은 남은 조각을 모으라고 하셨을까?	5. 내 삶 속에서 아껴야 할 것은 무엇일까?

〈질문표 예시〉

이렇듯 월요일과 화요일에 묵상한 내용을 바탕으로 수요일에 질문표 만들기까지 마쳤으면, 목요일에는 공과 공부 교재를 깊이 있게 정독하면서 전체적인 내용을 이해합니다. 그러면 공과 공부 교재의 내용이 자신이 준비한 질문의 내용과 많이 중복될 것입니다. 물론 공과 공부 교재의 내용과 내가 준비한 질문이 다를 수도 있습니다.

자신이 준비한 질문표에 적어 둔 여러 질문들을 살펴보면서 공과 교재의 내용과 중복되는 것이 있다면 빨간 펜으로 표시를 해 놓습니다. 이 표시는 아이들에게 중점적으로 던져야 하는 질문인 동시에, 반드시 전달해야 하는 내용이라는 뜻입니다. 그렇다고 다른 질문들은 의미가 없다는 뜻은 아닙니다. 다른 질문들도 공과 공부 시간에 사용할 수 있습니다. 질문법 중심의 교육 방법을 사용하다 보면 아이들의 답변에서 여러 주제가 나올 수 있습니다. 그렇기 때문에 교재와 관계없더라도 교사 자신이 묵상해서 찾아낸 다양한 질문들을 사용할 때가 반드시 옵니다.

또한 공과 교재에 수록된 내용을 다 다루겠다는 생각은 버리고, 공과 교재는 단지 참고서로 생각하는 것이 좋습니다. 교사 자신이 준비한 질문의 내용과 공과 교재에 수록된 내용 중 중복되는 부분을 교육 중점 내용으로 놓고 공과를 진행하면 되는 것입니다.

그리고 마지막으로 금요일에는 교사 자신만의 교안을 간단하게 만듭니다. 공과 교재는 교안이 아닙니다. 질문 노트와 공과 교재를 바탕으로 자신만의 교안을 간단하게 만들어 사용해야 합니다. 학교에서 교사들이 아이들을 가르칠 때 교재와 교사용 지침서만 활용하지 않습니다. 그것을 바탕으로 자신만의 교안을 만들어서 그 교안으로 가르칩니다.

교안은 복잡하게 만들지 않아도 됩니다. 간단해도 됩니다. 교안에는 교육 목적, 교육 목표, 교육 중점 내용(2-3개), 교육 방법, 주중 과제가 포함될 수 있습니다. 교안 예시는 다음과 같습니다.

어쩌다 교사

○월 ○일, 공과 본문: 마태복음 6장 9-13절, 주기도문

1. 교육 목적: 기도하는 어린이가 되자

2. 교육 목표

1) 무릎 꿇고 기도하는 어린이가 되자

2) 하루에 10분 기도하는 어린이가 되자

3) 기도한 내용을 기록하는 어린이가 되자

3. 교육 중점 내용

1) 주기도문에 나오는 기도의 내용(하나님 찬양, 하나님의 뜻

간구, 세상적 필요 간구, 회개, 영적 필요 간구, 하나님 찬양, 아멘)

2) 주기도문에 나오는 기도의 순서

4. 교육 방법: 강의법(15분), 질문법(10분), 묵상법(5분)

5. 주중 과제: 매일 기도하고 나서 주기도문 외우기

〈교안 예시〉

프로 교사라는 인식을 가지고 가르치자

토요일에는 기도로 다시 한 번 공과 공부 시간을 준비하며 마무리해야 합니다. 그리고 주일 아침이 되면 기쁜 마음으로 성경책과 질문표가 들어 있는 질문 노트, 공과 공부 교재, 교안을 가지고 교회에 갑니다.

실제 공과 공부 시간이 되면 '나는 프로 교사'라는 인식을

가지고 담대하게 아이들을 가르쳐야 합니다. 저는 나이가 어린 청년 신입 교사들에게 교사 교육을 할 때 꼭 "한 번을 가르쳐도 10년 가르친 것처럼 가르치십시오"라고 말합니다. 교사는 프로여야 합니다. 아이들 앞에서 위축되거나 당황한 모습을 보이거나 버벅거려서는 안 됩니다. 신입 교사라도 프로다운 모습을 보여야 합니다.

처음 공과 공부를 시작하고 나서 5분 정도는 삶의 이야기를 나눕니다. 한 주간 어떻게 지냈는지를 나눕니다. 처음에 아이들이 이야기하기를 어려워하면 교사부터 자신이 어떻게 살았는지 이야기합니다. 그다음에 발표를 잘하고 적극적인 아이들에게 먼저 눈짓을 보내 그 아이들이 나눌 수 있도록 유도합니다.

교사가 처음 반을 맡고 나서 파악해야 하는 일이 있습니다. 발표를 잘하고 리더 역할을 잘 감당하는 아이들이 누구인지 확인하는 것입니다. 아무도 이야기하지 않아서 어색한 분위기가 연출될 때나 화기애애한 분위기를 조성해야 할 때 이 아이들에게 도움을 요청하면 큰 유익이 될 것입니다.

일주일 동안 살아온 삶의 이야기를 다 나누었으면 성경 본문을 읽습니다. 본문은 교사가 묵상한 여러 성경 번역본을 미리 준비해서 읽어 주는 것이 좋습니다(개역개정성경, 현대인의성경, 새번역성경, 쉬운성경, NIV영어성경 등. 이 방법을 꼭 실천해 보기를 바랍니다).

그다음 지식적인 질문, 해석적인 질문, 적용적인 질문 등 세 단계의 순서를 따라 질문법으로 교육을 합니다. 질문은 일단

어쩌다 교사

전체 그룹을 대상으로 하는 것이 좋습니다. 자발적으로 하면 좋지만 자원자가 아무도 없으면 앞서 언급한 팁대로 리더 역할을 하는 아이들을 앞세우면 도움이 됩니다. 물론 조용한 학생에게도 질문을 던져야 합니다. 흔히 조용한 학생들은 질문법 교육에서 소외되기가 쉽습니다. 따라서 그 아이들을 배려해, 먼저 자신이 말해도 안전하다는 것을 느낄 수 있게끔 반분위기를 이끌 필요가 있고, 따로 만나 편하게 이야기할 수 있도록 돕고 격려해 주어야 합니다.

교사는 아이들에게 질문하고 나서 약간의 시간을 주어야 합니다. 그때 잠시 동안의 침묵을 두려워하면 안 됩니다. 아이들에게 생각할 수 있는 시간을 주는 것입니다. 그리고 질문 구성에서 살펴보았듯이, 아이들이 질문의 내용에 응답했으면, 그에 대해 반응해야 합니다. 즉 피드백이 필요합니다. 여기서 피드백은 답을 정정해 주는 것도 있지만, 긍정적인 칭찬을 하는 것도 중요합니다. 그리고 칭찬은 구체적이어야 합니다. "답을 맞혔구나. 정말 잘했다"처럼 추상적인 칭찬 말고, "성경 단어의 의미를 깊이 생각해서 너의 삶과 연결 지어 답을 해 주었네. 아주 잘했어" 등 구체적인 칭찬이 좋습니다. 그리고 지식적인 질문으로 들어갈 때는 성경 본문에서 답을 찾기 쉬운 것부터 해야 합니다. 그래야 아이들이 적극적으로 참여할 수 있습니다.

질문법을 통해 아이들과 교육을 했으면, 반드시 교사가 공과 내용을 바탕으로 아이들이 질문에 답한 내용을 종합해 5분 정도 핵심 정리를 해 주어야 합니다. 질문법만 사용하다 끝나면 아이들은 정리가 안 된 상태로 집에 가게 되기 때문입니다. 그리고 공과 교재에 수록된 질문들은 복습의 의미로 주중 과제로 내 주어 풀어 오게 하면 좋습니다. 그러면 공과에 얽매이지는 않지만 공과를 잘 활용하는 교육이 될 수 있습니다.

물론 숙제를 잘해 오는 아이들에게는 긍정적인 피드백과 함께 작은 선물을 안겨 주는 것이 좋습니다. 반 아이들 전부가 숙제를 해 온 날에는 공과 공부를 마치고 다 같이 피자를 먹으러 가는 것을 추천합니다.

질문법을 통해 공과 교육이 업그레이드되기를 바랍니다. 철저한 공과 공부 준비를 통해 교사의 신앙이 성장하고, 성경을 읽고 묵상하고 해석하는 안목이 더 확장되며, 가르치는 능력이 더 배가되기를 소망합니다.

어쩌다 교사

9

마음속 독불장군을 밀어내자,
온유하게

○

동료 교사는 경쟁자가 아니다

교사는 혼자 힘으로만 하다 보면 쉽게 지칩니다. 따라서 동료 교사와 협력하면서 교사의 직분을 감당해야 합니다.

제가 함께했던 교사들 중에 가장 안타까운 분이 있습니다. 그분은 개인적으로 아주 뛰어난 교사의 자질을 가지고 있고 가르침도 탁월해서 아이들이 아주 많이 좋아했습니다. 그런데 잘난 척이 좀 심해 동료 교사들이 별로 좋아하지 않았습니다. 교사 모임에 쉽게 빠지고 동료 교사들과 어울리지 않기 때문에 협력하는 사역이 이루어지지 않았습니다. 교회학교 헌신 예배 때 교사들이 다 나와서 특송을 할 때나 교사 위로회에 바쁘다는 핑계로 나타나지 않았고 교사 회의에도 자주 빠졌습니다. 그런데 신기하게 아이들에게는 잘해서 아이들 사이에서는 인기가 좋았습니다.

사실 이런 부류의 교사가 제일 어렵습니다. 동료 교사들 사이에서는 인정을 못 받는데, 아이들에게는 인기가 많아서 무게 잡고 다니는 교사 말입니다. 사실 이런 교사는 담당 교역자의 말도 잘 안 듣기 마련입니다. 이런 경우 개인적으로는 뛰어난 역량을 지닌 교사일지 모르지만, 그리고 학교 교사로서는 큰 문제없는 교사일지 모르지만, 기독교 교육을 담당하는 교회학교의 교사로서는 문제가 있다고 볼 수밖에 없습니다.

저는 이 문제를 부장 선생님과 상의했습니다. 그러자 부장 선생님이 강공법을 택했습니다. 즉 교사 모임, 교사 회의, 교사 전체 프로그램에 빠지는 사람에게는 벌금을 부과하자는 것이었습니다. 저는 반대했지만, 워낙 강력하게 주장해 벌금법을 시행하게 되었습니다. 그 이후 과연 그 선생님이 바뀌었을까요? 바뀌지 않았습니다. 모임에 계속 불참했고, 동료 교사들과의 관계는 더 악화되었습니다.

저는 고민에 빠졌습니다. 어떻게 하면 좋을지 고민하다가 신앙적인 방법만이 해답이라는 것을 깨달았습니다. 그래서 교사들을 모두 모아 다 같이 사랑의 마음을 가지고 그 선생님을 위해서 기도하자고 제안했습니다. 물론 교사 전부가 제 제안에 찬성하지는 않았습니다. 그러나 저는 열 손가락 중에 한 손가락이 다치면 다른 손가락들도 아파해야 하는 것이 당연하다고 말하며 기도하자고 권면했습니다.

한 주, 한 주 기도회를 진행했습니다. 그리고 그 선생님에게 기도회에 한번 참석해 달라고 권유했습니다. 그러던 어느 날, 드디어 그분이 모임이 나타났습니다. 그러자 그 자리에 모였던 모든 교사가 더 뜨겁게 기도했습니다. 그 선생님은 교사들이 기도하는 모습에 약간 감동을 받은 것 같았습니다. 기도회를 마치고 서로 축복하는 시간을 가졌습니다. 그제야 그 선생님은 마음을 열고 자신의 문제를 깨닫기 시작했습니다. 그분은 자기 혼자 잘났고 교육 분야 전문가라는 오만에 사로잡혀 있었기에 동료 교사들을 무시하고 교사 모임에도 참여하지 않았던 것입니다. 그 후 그 선생님은 교사 모임에 빠지지 않고 참여했고, 우리는 더 아름다운 교사 공동체를 만들 수 있었습니다.

동료 교사와의 관계를 증진시키기 위해서 몇 가지 필요한 일이 있습니다.

첫째, 교사들이 함께 참여하는 프로그램에는 모든 교사가 가급적 빠지지 않고 다 참여할 수 있도록 책임감을 부여해야 합니다. 교사 회의, 교사 기도회, 수련회 준비 모임 등에는 빠져선 안 됩니다.

한 교회에서 사역할 때 부장 선생님과 함께 '교사 서약서'를 만들었습니다. 교사 서약서에는 '모든 교사는 예배에 빠지지 않고, 교사 모임에 빠지지 않는다'는 서약 내용이 들어 있었습니다. 이 서약서를 1월 첫째 주에 교사들에게 다 나눠 주고 사인하게 했습니다. 교사들이 교사 모임에 꼭 참여하도록 책임감을 부여한 것입니다.

둘째, 재미있는 교사 단합 대회를 정기적으로 가져야 합니다. 교사 단합 대회를 교회에서 갖는 경우가 있는데, 제 경험상 외부에서 하는 것이 좋은 듯합니다. 야외에 나가서 바람을 쐬고, 극장에 가서 영화를 보고, 맛집을 찾아가서 맛있는 음식을 함께 먹으며 대화를 하면 기분이 좋아지고 교사들끼리 서로 친해지기가 쉽습니다. 교사 단합 대회는 무조건 재미있어야 합니다. 즐거워야 자발적으로 참여하게 됩니다.

한 교회에서 사역할 때는 '교사 번개 모임'이 있었습니다. 물론 정기적인 모임도 있어야 하지만, 번개 모임은 정말 교사들의 삶에 활력소가 되어 주었습니다. 모임 전날이나 당일 오전에 부장 선생님이 문자를 통해 어느 시간에 어느 식당 앞이나 극장 앞에서 모인다고 공지를 했습니다. 번개 모임에 나온 교사들은 모임을 마치고 나면 정말 신기하게 다 같이 친해졌습니다. 먹고 쉬고 대화하고 즐기면서 교제가 이루어졌습니다.

지금과 같은 코로나19 기간에는 온라인 플랫폼을 통해 교사 단합 대회나 교사 번개 모임을 가질 수 있습니다. 이제는 온라인 플랫폼이 있기에 더 이상 코로나19가 핑계가 되어서는 안 됩니다. 창의적으로 생각한다면 새로운 형태의 교제 모임을 지속할 수 있습니다. 예를 들어, 사전에 부장 선생님이 교사들 각자에게 '치킨 기프티콘'을 선물로 보내고, 교사들이 함께 줌에서 만나기로 정한 시간에 맞춰 치킨을 주문합니다. 그러면 각자의 자리에서 치킨을 먹으면서 온라인 교사 단합 대회를 가질 수 있습니다. 또한 청년 교사들이 온라인에서 할 수 있는 레크리에이션이나 게임을 준비해 줌에서 다 함께 하면 교사들 모두 흥미로운 시간을 보낼 수 있을 것입니다. 사전에 유익하고 좋은 유튜브 영상을 교사 단톡방에 공유하고, 교사들이 각자 영상을 본 후 줌에서 모여 시청한 영상을 주제로 나눔을 하면 좋은 교제 시간이 될 것입니다.

셋째, 중보 기도 짝을 만들어야 합니다. 교사 회의 시간이나 교사 기도회 시간에 교사들끼리 중보 기도 파트너를 만드는 것입니다. 그러면 파트너 교사를 위해 기도하기 위해 대화하게 되고, 서로의 어려움을 알게 됩니다. 그리고 기도를 하면서 파트너 교사에 대한 사랑과 관심을 더 깊이 가지게 됩니다. 한 달씩 파트너 교사를 바꾸면서 중보 기도를 하면 시간이 지날수록 교사들끼리 더 친밀해집니다. 기도해서 좋고, 친해져서 좋습니다.

리더십을 인정하자

교사들이 관심을 가져야 하는 또 다른 관계는 바로 담당 교역자와의 관계입니다. 한 교회에 청소년부 교사 세미나를 인도하러 갔다가 답답한 상황을 본 적이 있습니다. 교사들은 교사 세미나에 적극적으로 참여하는데, 담당 교역자는 소극적으로 뒤에 서 있었습니다. 목회자라서 열심히 참여하지 않나 보다 하며 단순하게 생각했는데, 이유가 따로 있었습니다. 직설적으로 말해서, 그 담당 교역자는 부서 안에서 왕따를 당하고 있었습니다. 목회자도 교사들 사이에서 왕따가 될 수 있습니다. 그 교회 교사들은 자기들끼리 있을 때는 웃고 떠들고 재미있다가 담당 교역자가 옆에만 오면 조용해지고 말을 아꼈습니다. 교사들끼리는 교회학교 아이들에 대한 이야기를 신 나게 하다가 담당 교역자가 옆에만 오면 화제를 전환하고 일상적인 이야기를 했습니다.

너무 이상해서 교사 세미나를 다 마치고 그 목회자를 만나서 이야기를 나누었습니다. 그러자 그분이 어려움을 토로했습니다. 교사들이 자기가 어린 전도사라고 아마추어같이 생각한다는 것입니다. 교회학교는 잘 운영된다고 했습니다. 문제는 교사들이 주도해서 프로그램을 만들고, 교사들이 주도해서 계획을 짜고, 교사들이 주도해서 교회학교를 운영한다고 했습니다. 그 교사들의 틈바구니에서 담당 교역자는 자신의 목회 스

어쩌다 교사

타일을 내기도 힘들고, 그저 설교만 하는 사람으로 전락했다는 것입니다. 더구나 교사들끼리는 다 친해서 주중에 만나 회식하러 가기도 하는데 담당 교역자는 끼워 주지도 않는다고 했습니다.

이처럼 교사들끼리는 다 친하고, 교사들과 아이들의 관계도 좋고, 교회학교도 부흥되는데, 교사들과 담당 교역자 사이가 좋지 않은 교회학교들이 간혹 있습니다. 이 경우 누가 변해야 하겠습니까? 교사들과 담당 교역자 모두가 변해야 합니다.

담당 교역자는 교사들의 의견을 들어주려고 더 노력해야 하고, 민주적인 리더십을 더 보여야 하며, 자신보다 나이가 많은 교사들이 많기에 교사들에게 최대한의 예의를 갖추어야 합니다. 제가 지금까지 고수하는 원칙이 있는데, 교인들과의 식사 자리에서 음식을 나눌 때 목회자부터 받는 것이 아니라, 나이 순서대로 받는 것입니다. 어찌 보면 당연한데, 이 모습을 성도들이 좋아하는 것 같습니다. 작은 예의를 갖춤으로써 어른들의 마음 문을 열 수 있다는 사실을 기억하면 좋겠습니다.

아울러 교사들도 담당 교역자를 존중하고, 목회 스타일과 방침을 따르고, 친해지려고 노력해야 합니다. 담당 교역자는 한 명이고 교사는 여러 명이기에 담당 교역자는 외로울 수 있습니다. 교사들이 한 명밖에 안 되는 담당 교역자를 사랑하고 인정해 주어야 아름다운 교회학교 공동체가 될 수 있습니다.

요즘 한국 교회의 문제 중 하나는 목회자와 성도 간 갈등입니다. 교회학교만이라도 이 문제를 극복해서 전체 교회에 목회자와 성도 간 아름다운 관계의 모델을 보여 줄 수 있기를 바랍니다.

담당 교역자와의 관계를 증진시키기 위해서 교사들은 다음 두 가지를 기억해야 합니다.

첫째, 담당 교역자를 존중하는 마음을 가져야 합니다. 담당 교역자는 우리 부서의 리더라는 확신을 가지고 마음을 열고 존중해 주어야 합니다. 존중하는 마음가짐이 존중하는 말과 행동으로 표현됩니다. 담당 교역자의 목회 방침, 목회 스타일, 장기적 계획 등에 가급적이면 동의하고, 리더십을 인정해 주어야 합니다.

저는 교육학 박사 과정을 공부할 때 리더십 연구를 많이 했습니다. 리더십은 한마디로 영향력인데, 그 영향력이 확대되는 때는 구성원들이 리더를 존중하고 그의 뜻을 따르기로 결정할 때입니다. 그렇기에 엄밀히 말해서 리더십은 리더가 주체자가 아니라 구성원들이 주체자입니다. 구성원들이 어떻게 결심하고 행동하는가에 따라 리더십의 효과가 결정되기 때문입니다.

둘째, 담당 교역자와 만남의 자리를 만들어야 합니다. 이것은 사역을 위해 대화하는 자리를 말하지 않습니다. 교사 단합 대회, 교사 식사 모임 등 편안한 자리에 담당 교역자를 꼭 초대해 허물없는 대화를 나누며 더 친해지는 기회를 만들어야

어쩌다 교사 //////////

합니다. 함께 운동하는 것도 좋은 방법입니다. 제가 교사들과 함께 해 본 운동 중에서 친교 목적으로는 볼링이 제일 좋았습니다. 볼링은 잘했을 때 서로 격려해 주고 자기 차례가 아닐 때는 옆 사람과 대화를 나눌 수 있기 때문입니다.

가정의 신앙교사인 부모와 협력하자

교사가 신경 써야 하는 매우 중요한 관계는 바로 자신이 맡고 있는 반 아이들의 부모와의 관계입니다. 교사가 아이들의 부모의 이름도 모르고 1년 동안 한 번도 만나 보지 못했다면 문제가 있는 것입니다. 교사는 아이들의 부모와 친밀해지기 위해 노력해야 합니다. 그럴 때 교회교육이 가정교육과 연결됩니다. 교회교육은 일주일에 한 번밖에 진행되지 않으나 가정교육은 매일 진행된다는 점을 인지하면서, 가정교육의 주체자인 아이들의 부모와 교제하고 협력하기 위해 노력해야 합니다.

최근에 만난 교사 한 분이 제게 큰 감동을 주었습니다. 그분은 교회교육이 가정교육과 연결될 수 있도록 부단히 노력합니다. 그래서 아이들의 부모에게 정기적으로 연락을 하고 부모가 만나기 편한 장소에서 반드시 만납니다. 그 선생님은 이렇게 말했습니다. "부모가 아이들의 학교생활과 학업에는 부단히 관심을 가지고 틈만 나면 학교에 가서 선생님을 만나고 싶어 하는데, 정작 세상 교육과는 비교도 안 되게 중요한 아이들의 영적이고 정신적인 교육에 대해서는 무관심하고 교회학교 교사를 만나려는 마음이 없다는 것은 참으로 이해할 수 없는 현상입니다."

그 선생님은 처음 아이들의 부모를 만나서는 관계를 형성하고, 그다음에는 카카오톡을 주로 이용합니다. 매주 예배 및 공과 공부가 끝나면 카카오톡으로 그날 아이가 어떻게 예배드렸는지, 어떤 주제의 교육을 받았는지, 특별한 사항이 있었는지, 주중에 아이가 실천하기로 결심한 점은 무엇인지를 정리해 부모에게 알려 줍니다.

비신자 부모에게도 똑같이 한다고 합니다. 그 선생님에 의하면, 비신자 부모니까 그런 알림을 싫어할 것 같다고 생각하는 것은 편견이라고 합니다. 오히려 비신자 부모들이 더 고마워해 주고 자신들은 교회에 나오지 않는 것에 대해 많이 미안해한다고 합니다. 이처럼 미안한 마음 때문에 교회에 나오게 된 부모들도 있다고 합니다. 그 선생님과 같은 교사가 교회학교에 많다면 교회학교에는 희망이 넘칠 것입니다.

그렇다면 교사가 맡은 반 아이들의 부모와 관계를 증진하기 위해서는 어떻게 해야 할까요?

첫째, 아이의 부모에 대한 정보를 알고 있어야 합니다. 구체적으로, 부모의 이름과 교회 출석 여부, 가정환경 등을 잘 알고 있어야 합니다. 아이와의 상담을 통해서 파악할 수 있습니다.

어쩌다 교사

둘째, 아이의 부모와 정기적으로 만나야 합니다. 교사는 부모를 만나서 아이에 대해서 이야기를 나누기도 하고 친분을 쌓기도 해야 합니다. 물론 믿지 않는 부모라면 교회학교 교사와 만나기를 불편해할 수 있습니다. 하지만 연락을 드려 정중하게 안부를 묻고 편안하게 만나 줄 것을 부탁한다면 많은 경우 만나고 싶어 하는 마음으로 변화됩니다. 자기 아이를 담당하고 있는 교사이기에 아이를 위해서라도 만나고 싶어 하게 될 것입니다.

이때 부모에게 부담을 주지 않기 위해서 식사 때를 피해 잠깐 만나 티타임을 가지면 좋습니다. 그리고 일상적인 스케줄에 방해가 되지 않도록 부모의 집이나 일터 근처 카페에서 보는 것이 좋습니다. 그리고 기왕이면 부모를 만나서 아이의 칭찬을 들려주고 아이의 좋은 면을 부각시킬 필요가 있습니다. 재미있는 것은, 부모에게 아이를 칭찬하면 부모는 자신들이 칭찬받은 것보다 더 좋아한다는 것입니다. 아이를 칭찬하면 자연스럽게 부모와 친해집니다.

셋째, 교회학교 행사에 부모를 초대해야 합니다. 제가 학교교육과 교회교육을 비교하면서 안타까운 점은 학교교육의 경우 부모가 참여할 뿐 아니라, 더 나아가 부모가 주도하는 프로그램이나 이벤트가 많은 데 비해 교회교육에는 그런 경우가 거의 없다는 점입니다. 이제 한국 교회 교회학교는 부모와 함께하는 프로그램을 많이 개발해야 합니다. 그래야 교회교육이 자연스럽게 가정교육으로 연결됩니다.

예를 들어, 1년에 3-4회 정도는 부모가 아이와 함께 교회학교 예배를 드리는 경험을 하게 하면 좋습니다. 그리고 학교의 명예 교사처럼, 1년에 1-2회 정도는 부모가 교사가 되어 아이들을 가르치는 경험을 하게 합니다. 그러면 부모가 교사를 더 잘 이해하게 됩니다. 물론 믿지 않는 부모들도 소외되지 않도록 똑같이 명예 교사로 세울 수 있습니다. 성경 외에 부모가 잘 가르칠 수 있는 내용(예를 들어, 종이접기, 건강관리, 공부법 등)을 주제로 하면 됩니다.

넷째, 자녀 교육에 도움을 줄 수 있는 부모 교육 세미나 등을 개최해야 합니다. 교사와 담당 교역자가 협력해서 준비한 후 부모를 초청해 가정 안에서 자녀들을 어떻게 신앙적으로 이끌지를 가르쳐 주어야 합니다. 중요한 것은, 교사들이 강사가 되어서 부모 교육 세미나를 진행할 때 참여한 부모들과 친해질 수 있고, 부모들은 교회학교 교사들을 신앙 교육의 전문가로 인지하고 인정하게 된다는 것입니다.

부모 교육 세미나의 주제는 부모들의 눈높이에 맞게 부모들이 원하는 주제(예를 들어, "아이들과의 소통", "아이들 훈육", "아이들과의 갈등 해결", "자기 주도적 학습", "아이들 진로", "성경 학습법" 등)를 선정해 진행해야 참여율을 높일 수 있습니다. 부모들이 원하는 주제를 기독교 교육적 관점에서 풀어서 강의해야 합니다. 그리고 주제를 선정하고 강의에 제목을 붙일 때는 뻔한 제목 말고 기

어쩌다 교사

대감을 유발하는 제목을 달고 홍보해야 합니다. 내용은 같더라도 제목을 달리하면 기대감을 높일 수 있습니다(예를 들어, "아이와의 갈등 해결법"을 "아이가 자기 방 문을 쾅 닫고 들어갈 때"라는 제목으로 변경).

1년에 1-2회 이벤트성 부모 교육 세미나도 필요하지만, 4주나 6주 과정으로 커리큘럼을 만들어서 부모 대학을 진행하면 체계적인 교육이 이루어질 수 있을 것입니다. 그리고 부모 대학을 다 마치면 주일 오후(저녁) 예배 시에 부모 헌신 예배를 진행해서 모든 교회학교 아이들의 부모들이 참여할 수 있도록 하고, 그 시간에 부모 대학 이수자 수료식을 진행합니다.

교회학교는 공동체입니다. 세상에 존재하는 공동체와는 차원이 다른, 예수 그리스도의 사랑이 가득한 진정한 공동체입니다. 교사들과 담당 교역자와 아이들의 부모들은 한 공동체 안에 소속되어 있습니다. 따라서 공동체 구성원 한 사람, 한 사람을 소중하게 생각해야 합니다.

만일 한 지체가 고통을 받으면 모든 지체가 함께 고통을 받고 한 지체가 영광을 얻으면 모든 지체가 함께 즐거워하느니라 너희는 그리스도의 몸이요 지체의 각 부분이라 고전 12:26-27

몸의 특징은 몸의 한 부분이 아프면 몸 전체가 다 신경 쓰이고 고통스러워진다는 것이고, 몸의 작은 부분이라도 소중하지 않은 곳이 없다는 것입니다. 그렇기 때문에 공동체의 한 지체의 아픔은 나의 아픔이 되고 한 지체, 한 지체가 다 소중합니다.

교사와 담당 교역자와 아이들의 부모는 한 배를 탄 한 식구요, 예수님 안에서 한 몸이 되었음을 기억하면서 서로를 소중히 여기고 존중해야 합니다. 그리고 몸의 각 기관이 협력해서 건강한 몸을 만드는 것처럼, 교사와 담당 교역자와 아이들의 부모는 서로 사랑하는 마음 가운데 협력함으로 건강한 교육 공동체를 일구어 나가야 합니다.

10

다름을 인정하자,
친밀하게

○

교사가 아이들을 이해하기 위해서는 반드시 아이들의 문화를 알아야 합니다. 아이들의 문화를 해석하는 능력이 필요합니다. 저는 하나님의 은혜로 다양한 곳에서 다양한 연령대를 대상으로 교육을 담당해 보았습니다. 제가 느낀 점은 시간적 배경과 공간적 배경과 연령적 배경에 따라서 문화가 완전히 다르다는 것입니다.

제가 처음에 교사로 헌신하며 사역했던 교회는 조용한 아이들이 주요 구성원들이었습니다. 그래선지 아이들이 공부에 관심이 많았습니다. 한 교회에서 청소년 사역을 할 때는 특히 음악과 문화 예술에 관심이 있는 아이들이 많았습니다. 그런 이유로 예술 중학교, 예술 고등학교에 다니는 아이들이 꽤 많았습니다. 군 교회에서 사역할 때 만난 사역 대상은 주로 병사들이었는데, 갓 청소년기를 지난 어린 청년들로 구성되어 있었습니다. 그들은 군대라는 특수성 때문에 걸 그룹이나 여자 가수들에게 관심이 많았습니다. 그리고 군 교회 안에서 아동부 사역을 할 때 아이들은 일반 도시의 아이들보다 함께 어울려 노는 것에 관심이 많았습니다.

한 시골 교회에서 협동 사역을 할 때는 할머니, 할아버지 성도들이 많았는데 그분들은 트로트와 같은 구수한 음악 장르를 좋아하고 즐겨 불렀습니다. 외국에 나가 사역했던 아동부, 청소년부 아이들은 당시 한류열풍으로 인해 한국 가수들을 너무나도 좋아했고, 많은 아이가 그 안무를 다 외우고 따라 했습니다. 다음으로 외국의 또 다른 교회에서 담임 목사님을 도울 때 만났던 한인 청소년들은 주로 한국에서 오래 거주하다 온 아이들이라서 한국말을 아주 잘했고, 한국 청소년들의 뛰어난 패션에 관심이 많았습니다.

한 외국 교회의 유치부와 아동부에서 만났던 아이들은 대부분이 이민 2세들이었기 때문에 한국어를 거의 못했고, 영어를 모국어로 사용했습니다. 이들은 한국에 대해 관심이 거의 없었고, 미국 문화에 관심을 가졌습니다. 반면에 같은 교회 청년부에서 만났던 아이들은 거의 다 한국에서 유학 온 학생들이었기 때문에 한국어를 잘 사용했고, 고향에 대한 향수 때문에 한국 음식과 한국 문화를 좋아했습니다. 이처럼 저는 다양한 곳에서, 또 다양한 교육 부서에서 사역하면서 문화를 이해한다는 것이 얼마나 중요한지를 깨달았습니다.

아이들의 문화를 알아야만 아이들과 친해질 수 있습니다. 관계가 형성된 다음에 말씀을 가르쳐야 교육의 효과가 큽니다. 아이들은 자신들에게 맞춰 주는 교사를 좋아합니다. 그렇기 때문에 효과적인 교육을 위해서는 교사가 아이들의 문화에 맞추는 노력을 해야 합니다.

문화를 그릇에 비유한다면, 그릇 안에 들어 있는 내용물이 바로 복음입니다. 내용물인 복음은 바뀔 수 없으나 내용물을 담는 그릇은 변화될 수 있는 것입니다. 그릇의 역할은 바로 내용물을 잘 보존하는 것입니다. 교사가 아이들의 문화에 맞추어야 하는 까닭은 복음을 온전하게 보존하고 아이들에게 잘 전달해 주기 위해서입니다.

저는 교사들에게 "교사는 카멜레온이 되어야 합니다"라고 자주 말합니다. 교사는 아이들의 변화하는 문화에 계속 맞출 수 있어야 한다는 의미입니다. '카멜레온 정신'을 고차원적으로 표현하면 '성육신 원리'입니다. 예수님은 하나님이십니다. 우리 인간과는 비교도 될 수 없는, 격이 다른 고차원적인 분이십니다. 그러나 예수님은 인간을 사랑하사 인간을 위해 십자가의 대속물이 되시려고 철저히 낮아져 인간이 되셨습니다.

하나님과 우리는 레벨이 다릅니다. 그러나 우리와 레벨을 맞추기 위해서 그분이 낮아지신 것입니다.

예수님은 하나님과 같은 분이시나 자신을 비워 종의 형체를 가지사 사람들과 같이 되셨고, 사람의 모양으로 나타나사 자기를 낮추시고 죽기까지 복종하셨습니다(빌 2:6-8). 교육학적 표현으로, 학습자의 눈높이에 스스로를 맞추신 것입니다. 예수님은 우리를 위해 낮아지셨습니다. 우리를 얻기 위해서, 우리를 구원하기 위해서 낮아지셨습니다.

한 여자를 사랑한 거지 왕자 이야기를 아십니까? 어느 날 한 왕자가 백성들이 살아가는 모습이 궁금해서 평민 복장을 하고 몰래 마을에 들어갔습니다. 그리고 거기서 한 여자를 보고 사랑에 빠졌습니다. 그 여자는 찢어지게 가난한 집에서 살고 있었습니다. 왕자는 여자에게 자신의 신분을 밝히며 내 여자가 되어서 왕궁에서 살자고 했습니다. 그러자 그녀는 말이 안 된다며 왕자를 피했습니다. 왕궁으로 돌아간 왕자는 그녀 생각에 잠을 이룰 수 없었습니다. 그러던 어느 날 왕자는 결단을 하고 왕자로서의 모든 특권, 부, 명예를 버리고 그녀에게 가서 "이제 나는 거지가 되었으니 나를 받아 줄 수 있겠소?"라고 말했습니다. 감동한 여자는 거지 왕자를 사랑하게 되었고, 둘은 행복하게 살았다는 이야기입니다.

이 왕자의 모습이 바로 우리 예수님의 모습입니다. 예수님은 우리를 얻기 위해서 모든 특권, 모든 신분을 다 버리시고

어쩌다 교사

인간의 몸을 입고 이 땅에 오셔서 인간의 문화에 스스로를 맞추셨습니다.

사도 바울도 그렇게 살았습니다. 그는 "내가 모든 사람에게서 자유로우나 스스로 모든 사람에게 종이 된 것은 더 많은 사람을 얻고자 함이라"(고전 9:19)라고 말했습니다. 바울은 자유로운 몸이었습니다. 그러나 예수 그리스도의 복음을 전해서 믿는 자들이 많아지게 하려고 스스로 모든 사람의 종이 된 것처럼 낮아졌다고 말한 것입니다.

또한 자신은 율법에 매여 있지 않으나, 유대인들을 얻기 위해서 율법을 매우 강조하며 율법 신봉자처럼 행동한다고 했습니다. 왜냐하면 유대인들은 삶에서 율법을 가장 중시했기 때문입니다. 그리고 율법을 잘 모르는 이방인들을 얻기 위해서는 율법을 잘 모르는 사람처럼 행동한다고 했습니다. 아울러 자신은 강한 사람이지만 약한 사람을 얻기 위해서 약한 사람처럼 행동한다고 했습니다(고전 9:20-23).

교사들은 고린도전서 9장을 묵상하며 아이들의 문화에 맞추는 것은 결코 억울하거나 쓸데없는 일이 아니라, 가장 고귀한 노력이라는 사실을 깨달아야 합니다.

그렇다면 아이들의 문화를 이해하기 위한 구체적인 적용은 무엇일까요?

아이들의 문화를 존중하자

아이들의 문화를 존중하지 않고는 아이들의 문화에 맞출 수가 없습니다. 아이들의 문화를 존중하지 않고는 아이들의 문화에 맞추려는 시도 자체가 스트레스가 됩니다. 물론 아이들의 문화 중에 어른들의 관점에서 별로인 것들이 많습니다. 그렇다고 무시하거나 잘못되었다고 일방적으로 지적해선 안 됩니다. 아이들은 자신들의 문화가 제일 좋고 어른들의 문화는 이상하고 고리타분하다고 생각하고 있는데, 교사가 와서 그런 아이들의 문화를 무시하는 발언을 하거나 지적한다면 아이들은 마음의 문을 닫고 귀를 막아 버릴 것입니다. 내 마음에 맞지 않고, 내 스타일과 다른 아이들의 문화를 교회 안에서 본다해도 비판하지 말아야 합니다. 그럴 때면 예수님의 성육신을 생각하며 그들을 존중해야 합니다.

한 교회에서 사역할 때 있었던 일입니다. 청소년들이 찬양 예배를 드리는 모습을 보고 한 나이 많은 성도가 악기 소리를 줄이고 찬양할 때 너무 뛰지 말라고 한마디 했습니다. 대개 청소년들은 악기 소리를 크게 하고 손을 들고 뛰면서 찬양하는데 말입니다. 아이들의 찬양 문화와 나이 많은 성도들의 찬양 문화는 다릅니다. 다른 것을 인정하고 아이들의 문화를 존중해 주어야 합니다.

아이들의 문화를 배우자

교사들은 아이들의 문화를 배우려고 부단히 노력해야 합니다. 아이들이 즐겨 보는 유튜브 채널도 볼 줄 알아야 하고, 인터넷을 통해 아이들의 관심 패션, 좋아하는 연예인, 아이돌 그룹 등을 검색해 미리 알아 두어야 하고, 아이들이 주로 하는 게임도 알아야 합니다. 또한 아이들과 주고받은 메시지 등을 보면서 아이들이 즐겨 쓰는 언어와 줄임말 등을 알아 놓는 것이 좋습니다. 그래야 아이들의 대화에 낄 수 있습니다.

아이들의 문화 형성에 있어서 가장 중요한 요소는 음악, 영상, 게임입니다. 교사는 아이들이 어떤 음악을 듣는지, 어떤 영상을 보는지, 어떤 게임을 하는지 알아야 합니다. 그리고 관심을 가지고 왜 아이들이 이 음악에 열광하는지, 왜 이 영상을 즐겨 보는지, 왜 이 게임에 빠지는지를 해석할 수 있는 문화 해석의 눈을 가져야 합니다. 문화 해석의 눈이 있을 때 아이들을 건전한 문화로 이끄는 문화 변혁자로서의 역할을 교사가 감당할 수 있습니다.

저는 청소년 사역을 할 때 아이들이 사용하는 언어를 배워서 사용하기도 했습니다. 청소년들이 사용하는 언어는 국어사전에 없는 이상한 말이 많습니다. 그래서 저는 이에 대한 경각심을 주려고 아이들이 사용하는 언어들을 나열해서 설교문을 작성했습니다. 그리고 설교 시간에 그 설교문에 적은 그대로 설교를 했습니다. 예배에 참여했던 교사들은 설교를 듣다가 깜짝 놀라 눈이 튀어나올 정도였습니다. 아이들은 처음에는 웃다가 점차 자신들의 모습을 돌아보게 되었습니다. 너무나 놀랍게도, 그 설교 이후 아이들이 자신들만 이해하는 이상한 말들을 점차 사용하지 않는 역사가 일어났습니다.

그 외에도 저는 아이들의 눈높이를 맞추기 위해서 염색을 하기도 했습니다. 염색을 하자 아이들과 교사들은 좋아했는데, 영문을 모르는 성도들은 저를 보고 많이 비웃었을 것입니다. 그리고 저는 아이들이 좋아하는 음악을 알기 위해 음악 채널을 많이 시청했고, 심지어 그 당시에 가장 인기 있었던 아이돌 그룹의 노래를 다 외우기까지 했습니다. 그리고 설교 시간에 그 당시 매우 인기 있었던 예능 프로그램을 따라 하며 제가 가수로 변신하기까지 했습니다.

더 재밌는 노력은 교사들과 상의해서 서로 별명을 만들어 사용한 것입니다. 한 아이돌 그룹 멤버들의 이름은 다 네 글자로 되어 있었는데, 이에 착안해 교사들이 서로서로에게 별명을 붙여 주었습니다. 제 별명은 썰렁하다는 이유로 '얼음성중'이었습니다. 이러한 많은 노력이 아이들의 마음을 움직였고, 그로써 교사와 아이들이 친밀한 관계를 유지할 수 있었다고 확신합니다.

어쩌다 교사

아이들이 무엇을 좋아하는지 끊임없이 생각하자

아이들의 문화를 이해하기 위한 가장 좋은 적용점은 바로 '아이들이 무엇을 좋아할까?'를 계속 고민하고 생각하는 것입니다. 사실 관심과 사랑이 있으면 상대방의 문화를 알게 되고, 자연스럽게 맞출 수 있게 됩니다. 연애하던 시절을 돌이켜 보십시오. 연인이 좋아하는 음식, 취미, 장소 등이 알고 싶어지고 연인에게 맞추고 싶어 하기 마련입니다. 이것은 의무가 아니라, 사랑과 관심 때문에 자연스럽게 이루어지는 현상입니다.

일상생활 속에서 계속 끊임없이 '내가 맡고 있는 아이들은 무엇을 좋아할까?', '무엇을 원할까?', '좋아하는 음식은 무엇일까?', '좋아하는 운동은 무엇일까?', '좋아하는 장소는 어디일까?', '어떤 유튜브 채널을 좋아할까?'를 고민하고 생각하면서 살아 보세요. 이러한 관심과 사랑 속에서 아이들의 문화를 이해할 수 있는 마음 상태가 준비됩니다.

어떤 교사들은 이렇게 말합니다. "아이들의 문화를 이해하고 맞춰 주는 것이 중요한지는 압니다. 그런데 우리는 나이가 많습니다. 아이들의 문화는 아이들과 나이 차이가 얼마 안 나는 청년 선생님들이 더 잘 이해할 수 있지 않을까요? 그러니까 우리는 교사를 그만해야 할까 봐요." 이 말은 맞는 말일까요, 틀린 말일까요? 저는 틀렸다고 확신합니다. 아이들의 문화를 이해하는 것은 나이와 상관없습니다. 물론 나이가 어린 교사일수록 아이들의 문화를 쉽게 이해할 수 있다는 유리한 점이 있으나, 그렇게 중요한 것은 아닙니다. 나이와 상관없이 아이들을 얼마나 사랑하는지, 아이들의 문화에 얼마나 큰 관심을 가지고 있는지가 중요합니다. 아이들은 오히려 나이 많은 선생님이 자신들의 문화를 이해하려고 노력하면 더 감동받습니다.

사역하면서 만난 많은 교사 중에 가장 인상 깊은 두 분이 있습니다. 두 분 다 청소년부를 섬겼는데, 한 분은 70세가 넘은 할머니 선생님이었고, 또 한 분은 50대 중반인 남자 선생님이었습니다. 할머니 선생님은 나이와 관계없이 아이들을 이해하려고 부단히 노력했고, 그 결과 그 선생님 반은 출석률 1, 2위를 달성했습니다. 남자 선생님은 아이들의 문화를 이해하고 맞추기 위해 찢어진 청바지를 입고 다녔고, 아이들은 그 선생님을 너무나도 좋아하고 따랐습니다. 나이는 중요하지 않습니다.

아이들의 문화를 이해하자

한 청소년부에서 사역할 때 아이들의 문화를 이해하기 위한 공부를 진행했습니다. 따로 공부 시간을 정하거나 길게 진행하면 교사들이 지루해할 것 같아서 교사 회의 시간 중 5분을 여기에 할애했습니다. 저도 이 짧은 매주 강의를 준비하기 위해 아이들의 문화를 더 잘 이해하려고 노력했고 시간을 내서 공부했습니다.

부서 담당 교역자가 가르칠 형편이 안 된다면 교사들끼리 순번을 정해 준비해서 나누어도 좋습니다. 아이들의 문화를 이해하기 위해 교사들이 협력한다면 그보다 더 아름다운 모습은 없을 것입니다. 우리의 눈높이를 고집하지 말고, 예수님처럼 아이들의 눈높이에 맞춥시다. 아이들의 문화를 이해하며 그들에게 한 발자국, 한 발자국 더욱 다가갑시다.

당시 사용한 강의안 몇 개를 소개하겠습니다. 강의 제목은 "5분 교육 – 청소년 알아 가기"입니다.

5분 교육 – 청소년 알아 가기 1

1. 청소년 문화

'얼리어답터'(early adopter)라는 말은 'early'와 'adopter'의 합성어로서, 미국의 사회학자 에버렛 로저스(Everett Rogers)가 1957년에 발간한 책 《Diffusion of Innovation》에서 처음 이 단어를 사용했다. 현재 이 용어는 새로운 신제품이 나오면 제일 빨리 구입해서 사용하고 싶은 욕망을 가진 소비자군을 뜻하는 말로 사용되고 있다. 더 자세히 말하면, 새로운 신제품이 나오면 빨리 사용하고, 평가하고, 주변 사람들에게 알려 주고 싶은 소비자군이다. 청소년들 중에 얼리어답터가 많다. 요즘은 스마트폰 시대이기 때문에 기능이 많고 한 번에 여러 가지 일을 동시에 할 수 있는 제품을 좋아하고, 스마트폰이 새로 나오면 매장에서 밤을 새워 가면서 빨리 그 제품을 사려고 한다.

2. 청소년 특징

얼리어답터는 정보 수집에 대해 민감하다. 다시 말하면, 얼리어답터는 정보 수집 능력이 매우 뛰어나다. 얼리어답터는 인터넷 정보를 통해 자신이 원하는 새로운 제품을 정확히 파악하고, 그 제품을 파는 매장을 확인하고, 빨리 구매한다.

3. 신앙생활

인터넷을 통해 정보를 수집하는 과제를 내 주는 것이 필요하다. 기독교 교육에 있어서도 과제가 필요하다. 예를 들어, 이번 주에 '다윗이 골리앗을 물매 돌로 이긴 사건'을 공부했으면, 다윗이 던진 물매 돌이 어떤 물매 돌인지 인터넷으로 자료 조사를 해 보고, 다윗이 물매 돌을 던진 '엘라 골짜기'의 주변 환경을 유튜브를 통해 보고 오는 등의 활동이 가능하다. 이처럼 학생들의 흥미를 자극하면서도 성경을 이해하기 쉽게 만드는 과제가 매우 필요하다.

5분 교육 - 청소년 알아 가기 2

1. 청소년 문화

'팬덤'(fandom)이란 광적인 사람을 뜻하는 'fanatic'의 'fan'과 상태를 뜻하는 접미사 'dom'의 합성어다. 이 용어는 특정한 사람이나 분야에 몰입해서 열정적으로 좋아하고 빠져드는 사람을 뜻할 때 사용된다. 많은 청소년이 아이돌 그룹, 연예인을 좋아하고 따라다니는 팬덤 문화 속에 살아가고 있다.

2. 청소년 특징

청소년들은 특정한 인물이나 분야를 열정적으로 좋아하거나 몰입하여 빠져든다. 그렇기 때문에 이 기간에 신앙생활이 중요한 것이다. 이 기간에 하나님을 향한 열정이 깊어지고 강해지면 아이들의 신앙이 확고해지고, 흔들리지 않는 신앙이 자리 잡을 수 있다.

3. 신앙생활

이스라엘 사람들은 신명기 6장 4-9절을 가장 중요시한다. 이 말씀을 소위 '쉐마'라고 한다. '쉐마'의 뜻은 '듣다'이다. 듣는 것은 순종하는 것을 전제로 한다. "마음을 다하고, 성품을 다하고, 힘을 다하여 하나님을 사랑하라"는 말씀을 목숨처럼 지키고 순종할 수 있도록 계속 강조하고, 말씀을 암송하게 하고, 가르쳐야 한다.

5분 교육 - 청소년 알아 가기 3

1. 청소년 문화

분별력 없는 청소년들이 술에 접근하는 연령대가 점점 낮아지고 있다. 청소년들에게 있어 술 문화가 점점 자리 잡아 가고 있다. 보건복지부의 "최근 3년간 10대 청소년 음주, 흡연율 현황" 자료에 의하면, 청소년 위험 음주율은 2016년 7.5퍼센트, 2018년 8.2퍼센트, 2019년 8.9퍼센트로 매년 증가하고 있다.

2. 청소년 특징

청소년들은 자유를 꿈꾼다. 청소년들이 생각하는 자유는 일탈이다. 하지 말아야 할 일을 하고 싶은 것이다. 그렇기 때문에 이른 나이에 술 문제, 성 문제, 도박 문제 등이 불거지는 것이다. 청소년들에게 건전한 놀이 문화를 제공해 주는 공간을 찾기가 어렵다.

3. 신앙생활

청소년들에게는 건전한 놀이 문화가 필요하다. 교회 안에서 공동체가 함께 협력해서 할 수 있는 공동체 놀이, 레크리에이션을 수련회 때뿐만 아니라 일상적인 모임 가운데서도 진행하면 좋다.

5분 교육 - 청소년 알아 가기 4

1. 청소년 문화

청소년들은 누군가에게 자신의 이야기를 하고 싶어 한다. 자신을 공감해 줄 수 있는 대상이 나타나면 그 대상에게 자신의 이야기를 모두 쏟아 내고 싶어 한다. 다시 말하면, 청소년들에게는 자신의 이야기를 들어 주는 누군가가 필요한 것이다. 자신의 이야기를 들어 주는 사람 한 명만 있어도 청소년들은 희망을 품고 살게 된다.

2. 청소년 특징

청소년기는 고민이 많은 시절이다. 그 고민을 들어 줄 누군가가 필요하다. "2021 청소년 통계"에 따르면, 2020년에 13-18세 청소년들이 가장 고민하는 문제는 공부(46.5퍼센트), 외모(12.5퍼센트), 직업(12.2퍼센트) 순으로 나타났다. 청소년들에게 있어서 학업에 대한 고민과 어려움, 압박감이 제일 큰 고민임을 확인할 수 있다.

3. 신앙생활

교회 프로그램에서 상담 프로그램을 운영해 보면 좋다. 감성적 분위기로 청소년들의 마음 문을 열게 하면 상담 프로그램이 엄청난 효과를 발휘할 수 있다. 물론 상담 프로그램을 운영하기 위해서는 교회 안에 상담을 진행할 수 있는 전문적인 식견을 갖춘 교사가 있어야 한다. 또한 교사들을 대상으로 구체적인 상담의 이론과 실제에 대한 교사 교육을 체계적으로 실시함으로 상담할 수 있는 교사를 키워야 한다.

5분 교육 - 청소년 알아 가기 5

1. 청소년 문화

박승안, 이윤종은 《우리 아이는 노블레스 키드》(황금나침반, 2006)에서 아이들에게 경제관념을 어린 시절부터 제대로 알려 주고 가르쳐 주어야 한다고 말한다. '돈'이라는 것이 무엇인지를 아이들의 눈높이에 맞게 가르치고, 건강하게 돈을 버는 방법을 가르치며, 품위와 매너를 지키면서 돈을 사용하고 멋있게 살아가는 방법을 알려 주고 습관으로 만들어야 한다는 것이다.

2. 청소년 특징

청소년들은 돈에 대한 욕심이 그 어느 세대보다 강하다. 청소년들에게 "나중에 크면 뭐 할래?"라고 물으면 많은 수가 "돈 많이 벌래요"라고 답한다. 심지어 "지금 왜 학교를 다니고 공부하니?"라고 물으면 많은 수가 "돈 많이 벌려고요"라고 답한다. 아이들은 돈이 있으면 자신들이 사고 싶은 옷을 살 수 있고, 친구들과 어울려 마음껏 놀 수 있다고 생각한다.

3. 신앙생활

청소년기부터 돈에 대한 바른 마음가짐을 가질 수 있도록 지도해야 한다. 그리스도인들은 최선을 다해 정직한 방법으로 돈을 벌어야 한다. 그러고 나서 하나님을 기쁘시게 하는 일에, 하나님 사랑과 이웃 사랑을 실천하는 일에, 하나님의 영광을 위한 일에, 가치 있는 일에 자신이 번 돈을 써야 한다. 돈은 칼과 같다. 잘 쓰면 맛있는 음식을 만드는 요리사의 칼이 되지만, 잘못 쓰면 사람을 해치는 범죄자의 칼이 된다. 돈은 인생의 목적이 아니라, 하나님의 나라와 의를 추구하며 하나님을 기쁘시게 하는 인생의 목적을 위한 수단으로 쓰여야 한다. 이 점을 청소년들에게 강조하고 가르쳐야 한다. 전문 강사를 초청해서 '기독교적 재정'과 관련된 프로그램을 비전과 사명과 연관해 시행할 필요가 있고, 복음적인 달란트 시장 프로그램을 시행해 재정 사용과 비전에 대한 실제적인 교육을 하면 좋다.

11.

일상 상담을 가까이하자,
긍휼하게

○

아이들을 가르치고 함께 교제를
나누다 보면 상담을 해야 할 때가 참으로 많
습니다. 상담을 통해 아이들의 속이야기를
들을 수 있고, 아이들이 가진 어려움과 고
민, 그리고 삶에 닥친 문제들을 파악할 수
있습니다. 심지어 상담을 통해 아이들의 가
정에 대해서도 알 수 있습니다. 이런 이유로
교사는 반드시 상담 노하우를 가지고 있어
야 합니다.

우리는 상담이라고 하면 탁월하게 말을
잘하는 사람이 하는 것으로 알고 있는데, 그
렇지 않습니다. 상담 기법도 중요하지만, 더

중요한 것은 아이들을 사랑하고 그들의 이야기를 들어 주고 싶어 하는 마음입니다. 자신의 시간을 아이들을 위해 희생하는 헌신이 더 중요합니다. 사실 상담은 기술로 하는 것이 아니라, 사랑과 헌신으로 하는 것입니다.

저도 처음에 아이들을 상담할 때는 방법을 잘 몰랐습니다. 단지 아이들을 사랑하는 마음으로, 헌신하는 마음으로, 그들의 이야기를 들어 주고 싶은 마음으로 시작했습니다. 그러다가 상담을 제대로 공부하는 기회를 가지기도 했지만, 공부하면서 깨달은 점은 상담은 기술보다 내담자에 대한 관심과 사랑이 훨씬 중요하다는 것이었습니다.

저는 처음 교사로 섬기면서 아이들을 일대일로 만나 상담을 시작했습니다. 당시 아마추어라 너무 떨리고 말이 막힌 적도 많았습니다. 하지만 아이들의 이야기를 들어 줘야겠다는 열정만큼은 세계 최고였다고 자부합니다.

처음 상담할 때는 제가 아이들에게 먼저 "선생님과 언제 만나서 이야기하자"하며 부탁을 했습니다. 아이를 만나 함께 대화하면서 그 아이의 삶의 이야기를 들을 수 있었습니다. 이처럼 처음에는 제가 한 명, 한 명 지명하며 상담을 진행했는데, 시간이 지나고 아이들과 친해지자 어느 순간부터는 아이들이 저에게 상담 요청을 하기 시작했습니다. 그때 얼마나 기뻤는지 모릅니다.

한 교회 청소년부에서 사역을 할 때는 주일 저녁 예배 이후를 상담 시간으로 할애했습니다. 주일 온종일 사역하느라 피곤하고 지쳤지만 아이들이 그 시간을 좋아해서 교회 식당에 남아 아이들과 상담을 했습니다. 주중에도 아이들이 부르면 나가서 그들의 이야기를 들어 주었습니다. 당시 청소년부에 아이들이 꽤 많았기 때문에 저는 정말 많은 시간을 상담에 쏟아 부었습니다.

다른 사람의 이야기를 집중해서 듣는다는 것이 피곤한 일이었지만, 제게는 정말 보람된 시간이었습니다. 지금 다시 하라면 못할 정도로, 정말 모든 것을 쏟아 내며 상담 사역을 했습니다. 그 결과 저는 아이들에게 소위 '인기 짱' 목회자가 되었습니다. 아이들과의 상담에 시간을 쏟으면 쏟을수록 아이들과 가까워집니다. 아이들을 더 잘 이해하게 됩니다.

군종 목사로 사역할 때도 저는 상담 사역이 주 업무라고 생각할 정도로 상담을 많이 했습니다. 군대 내 병사들은 거의 다 20대 초반입니다. 이제 갓 청소년기를 지난 그들은 군대에 있으면서 다시 심리적 퇴행이 진행되어 생각하는 것이나 관심사가 청소년들과 별반 차이가 없었습니다. 그래서 저는 그때 청소년 사역을 하는 마음으로 병사들을 돌보고 그들의 이야기를 들어 주었습니다. 3년 동안 군종 목사 사역을 하면서 많은 병사와 상담을 했습니다. 하루에 15명까지 일대일 상담을 한 적도 있습니다. 마지막 열다섯 번째 병사와 일대일 상담을 마치고 나서는 하도 집중해선지 머리가 어지럽고 구토까지 했습니다.

일대일 상담을 하고 나면 상담 전과 비교해 내담자와의 심리적 거리가 달라집니다. 상담을 다 마치고 나면 내담자는 상담자를 신뢰하고 마음의 벽을 허물게 됩니다. 상담자도 내담자와의 심리적 거리가 사라지고 매우 친근함을 느끼게 됩니다.

저는 인도네시아에 가서도 한인 아이들과 만나 상담을 진행했고, 현지 학교에 들어가서도 외국 학생들과 만나 상담을 진행했습니다. 미국에 유학을 가서도 한인 청소년들과 만나 상담을 진행했고, 유학생 청년들과 수시로 만나서 상담을 진행했으며 그들의 이야기를 들어 주었습니다. 지금도 제 사역에서 상담은 계속 진행되고 있습니다.

다양한 곳에서 많은 아이를 만나 본 결과 제가 내릴 수 있는 결론은 어디서든지, 어느 연령대의 아이들이든지 그들은 상담을 절실히 필요로 하고 있다는 것입니다. 아이들은 부모에게는 자신의 고민과 어려움을 잘 말하지 않습니다. 아이들은 친구에게 자신의 속이야기를 나누는 데는 한계가 있다고 생각합니다. 친구에게 털어놓으면 카타르시스를 느끼거나 속은 시원할 수 있으나 뭔가 공허해집니다. 학교 선생님과는 알게 모르게 벽이 있기에 더더욱 자신의 이야기를 나누지 못합니다. 그렇기 때문에 아이들은 방황하고 힘들어합니다. 너무나 괴롭고 힘들어서 탈선하기도 합니다. 자기 멋대로 살기도 합니다.

이럴 때 교회학교 교사가 아이들의 이야기를 귀 기울여 들

어 주고, 그들을 격려하고 위로해 주고, 힘을 불어넣어 주어야
합니다.

일상 상담의 여러 사례들

제가 상담한 사례 중에 평생 잊히지 않는 몇 가지를 각색해
서 소개하고, 어떤 상담의 주안점이 있었는지를 나누어 보겠
습니다.

첫 번째는 고등학교 3학년 학생을 상담했을 때입니다. 이
학생은 첼로로 입시를 준비하고 있었습니다. 첼로를 아주 잘
연주하고 공부도 잘하는 모범생이었습니다. 그 학생은 워낙
실력이 있었고 콩쿠르에 나가 좋은 상을 많이 받았기에 당연
히 원하는 대학에 진학할 줄 알았습니다. 그런데 그만 떨어졌
습니다.

어느 날 밤, 그 학생이 제게 전화를 했습니다. 그날은 지원한
대학교의 합격자 발표 날이었습니다. 그 학생은 울면서 저에게
이렇게 말했습니다. "목사님! 저 대학교 떨어졌어요. 부모님이
너무나 속상해하십니다. 저는 제 자신이 싫습니다. 그리고 부
모님에게 죄송합니다. 더 이상 첼로를 하기 싫습니다." 저는 그
의 이야기를 듣고 위로해 주었습니다. "내년에는 꼭 합격할 테
니까 내 말 믿고 딱 1년만 더 첼로를 해 보자"고 권유했습니다.

그 학생은 제 말을 믿고 1년 재수하기로 결정했습니다.

세월은 빨리 흘러서 1년이 지났습니다. 그리고 그 학생은 다시 한 번 자신이 원하는 대학에 지원해서 시험을 보았습니다. 저는 합격자 발표 며칠 전부터 그 학생을 위해 간절히 기도했습니다. "하나님! 무조건 합격해야 합니다. 제 말을 듣고 1년 더 첼로를 하기로 결정하고 재수한 아이입니다. 제발 합격시켜 주세요." 드디어 합격자 발표 날이 되었습니다. 그 학생으로부터 연락이 왔습니다. 저는 떨리는 마음으로 전화기를 붙잡았습니다. 감사하게도 그 학생은 "목사님! 합격했어요. 정말 합격했어요. 너무너무 감사해요" 하며 외쳤습니다.

이 학생의 사례처럼 실패로 인해 상담을 요청하는 경우, 교사는 위로하는 역할을 주로 해야 하지만, 다시 일어나서 도전할 수 있도록 격려하고 자신감을 불어넣어 주는 역할도 해야 합니다.

두 번째 상담 사례의 주인공은 초등학교 6학년 남학생입니다. 아이의 부모님이 저에게 상담을 요청했습니다. 아이가 초등학교 5학년이 되면서 사춘기가 찾아왔고, 부모님과의 관계가 갑자기 서먹해졌다는 것입니다. 그러면서 집에 들어오면 아무 말도 안 하고, 방 문을 닫고 들어가서 나오지 않으니 부모님이 너무나 답답한 나머지 저에게 상담을 요청한 것입니다. 요즘 아이들이 사춘기에 진입하는 시점이 더 빨라졌습니다. 이 아이는 사춘기의 경향성이 또래에 비해 빨리 나타난 것입니다. 저는 부모님의 요청에 따라 교회에서 이 아이와 따로 만났습니다.

서로 모르는 상태에서 상담을 하는 것은 정말 어려운 일입니다. 그래서 상담 전에 '라포'(rapport)라고 하는 상호 간의 친밀감을 형성하는 것이 중요합니다. 저는 이 아이와 라포 형성을 하기 위해 친근한 말투도 사용하고, 밝은 표정도 짓고, 일상 속에서 경험하는 따뜻한 이야기도 건네고, 저의 개인적인 삶의 이야기도 나누었습니다. 그렇게 한 시간이 지났는데도 이 아이는 전혀 마음 문을 열지 않고 한마디도 하지 않았습니다.

너무 지친 나머지 잠시 화장실에서 세수하고 다시 그 아이에게로 왔는데, 그동안 아이는 스마트폰을 하고 있었습니다. 아이 옆으로 지나가면서 스마트폰으로 무엇을 하는지 흘끗 보았는데, '토트넘'을 검색하고 있었습니다. 바로 이 아이의 관심사가 무엇인지 파악할 수 있었습니다. 그래서 자리에 앉은 다음에 자연스레 "목사님은 요즘 새벽에 일어나서 영국 프리미어리그를 보느라고 잠이 부족해. 나는 토트넘을 좋아하고, 그 중에 손흥민 선수와 해리 케인 선수를 좋아해. 너는 토트넘 좋아하니?"라고 말했습니다. 말이 끝나기도 전에 아이는 30분 동안 신 나서 토트넘 팀, 선수 분석, 프리미어리그 시즌 전망을 이야기했습니다. 아이의 마음 문이 열리면서 입도 열리기 시작한 것입니다.

그 이후 아이는 제가 물어보는 질문에 답도 잘하고, 속에 있는 이야기도 잘 꺼내게 되었습니다. 몇 년이 지난 지금도 이 아이와 연락하고 있고, 힘들고 어려운 일이 있으면 제일 먼저 저에게 연락을 줍니다.

말을 하지 않고, 속에 있는 이야기를 꺼내지 않는 아이와 상담을 할 경우에는 아이의 관심사를 찾아야 합니다. 관심사를 주제로 이야기하면 상담자와 친근함을 느끼고, 라포 형성을 하기도 쉽습니다. 중요한 점은 아이의 관심사에 대해 직접적으로 묻기보다 자연스레 찾아야 한다는 것입니다. 처음 마음 문이 열리면 그다음은 어떤 주제로든 대화를 시도할 수 있습니다.

세 번째 상담 사례는 중학교 2학년 학생이 주인공입니다. 그 학생은 정말 말썽꾸러기 중에 말썽꾸러기였습니다. 그리고 제 말을 정말 듣지 않았고, 모태신앙이었음에도 불구하고 신앙적으로 방황했으며, 나쁜 아이들과 어울려 다녔습니다. 저는 그 학생이 하나님을 진정으로 만나면 모든 문제가 해결될 것이라고 믿었습니다. 그래서 그 학생과 일대일로 만나 상담도 하고 성경도 가르치기로 결심했습니다.

처음에 만나서는 그 학생이 부담을 느끼지 않도록 피자, 떡볶이 등을 같이 먹으면서 편안하게 대화했습니다. 관계가 형성된 이후에는 그 학생이 자신의 이야기를 하기 시작했습니다. 자신의 상처와 비밀 등을 꺼내 놓았습니다. 저는 그 학생을 위로해 주고 말씀을 가르치기 시작했습니다. 그 학생은 서

어쩌다 교사

서히 변화되었습니다. 하나님이 그 학생을 말씀 속에서 만나 주셨고, 꿈을 주셨고, 소망을 주셨습니다. 세월이 흘러 그 학생은 신학교를 졸업했고, 현재 귀한 하나님의 사역을 잘 감당하고 있습니다.

말썽을 피우거나 방황하는 학생을 대할 때는 그들과의 관계 형성을 위해 많은 시간을 보내야 합니다. 또한 말썽을 피우거나 방황하는 이유를 인지하고 그들의 내면의 이야기를 들어 주어야 합니다. 그들이 하나님 안에서 온전히 회복될 수 있도록 신앙적인 도움을 주어야 합니다.

네 번째 상담 사례는 군 교회에서 사역할 때 만났던 청년 병사의 이야기입니다. 그 병사는 정말 신실한 하나님의 일꾼이었습니다. 군 교회에서는 아동부 교사로 사역했고 찬양 인도도 한 정말 귀한 청년이었습니다. 그 병사가 있는 곳에는 언제나 활기가 넘쳤습니다. 저는 그를 볼 때마다 힘이 났습니다.

그런데 어느 날부터인가 그의 얼굴이 어두워졌습니다. 아니나 다를까, 그 병사가 저에게 상담을 요청해 왔습니다. 상담을 위해 서로 마주 앉자 그는 눈물을 흘리더니 말을 꺼냈습니다. "목사님! 저 너무 힘들어요. 군대 오기 전부터 사귀던 여자 친구가 있는데 얼마 전에 이별 통보를 했습니다. 저를 더 이상 기다릴 수 없다고 합니다. 저는 미칠 것 같아요. 전 어떻게 해야 할까요?" 군대에서는 이런 내용의 상담이 많습니다.

저는 그 병사를 위로했고, 인생의 시간을 먼저 살아간 선배의 입장에서 제 생각과 경험을 이야기하면서 그가 심리적으로 안정을 찾을 수 있도록 노력했습니다. 그리고 당분간 우울할 수 있으니까 절대로 혼자 있지 말고, 슬픈 음악은 듣지 말고, 동료 병사들과 더 어울리면서 지내라는 조언까지 해 주었습니다. 몇 차례 상담 끝에 그 병사는 마음이 안정되었고 활기찬 모습을 되찾았습니다. 이후 군 복무를 모범적으로 잘했고 건강한 모습으로 제대했습니다.

이같이 이성 친구와의 관계 때문에 힘들어하는 대상을 상담할 경우, 인생의 시간을 먼저 살아간 선배로서 개인적인 경험을 이야기하면서 내담자에게 공감하고 있다는 점을 보여 줄 필요가 있습니다. 아울러 어려움을 극복할 수 있도록 조언을 건네야 합니다.

다섯 번째 상담 사례도 군 교회에서 사역할 때 만난 청년 병사입니다. 제가 그 병사를 만났을 때는 훈련소를 마치고 부대에 배치되어 한 달쯤 지난 상태였습니다. 저는 그 병사가 부대 생활에 잘 적응하고 있는지 걱정이 되어 그를 만났습니다. 그런데 저를 만나자마자 우는 것이 아닙니까. 얼마나 서럽게 우는지 정말 안쓰러웠습니다. 저는 등을 토닥여 주면서 실컷 울게 했습니다.

그 병사는 다 울고 난 다음에 입술을 떼서 말했습니다. "목사님! 엄마가 보고 싶습니다." 엄마와 떨어져서 지내는 것이 너무 힘들고 엄마가 너무 보고 싶어 운 것입니다. 저는 그 병

어쩌다 교사

사를 위로하며 이렇게 말했습니다. "군대에서 내가 너의 부모가 되어 줄게. 힘내라! 어려운 일 있으면 나한테 다 이야기해라. 내가 다 도와줄게." 이렇게 그 병사에게 신뢰를 주자 저를 믿기 시작했습니다. 몇 차례 상담을 받으면서 그는 안정을 찾았고 표정에 자신감이 생겼습니다. 그리고 군 생활에 잘 적응했으며, 나중에 그 부대에서 인사를 가장 크게 하는 씩씩한 군인이 되었습니다.

상담을 하다 보면 교회학교 교사가 때로는 부모로서 다가가야 할 때가 있습니다. 아이들에게 신뢰감을 주면서 든든한 산이 되고 믿음직한 어른이 되어 주어야 합니다.

여섯 번째 상담 사례는 청소년입니다. 그 학생은 정신적이고 영적인 부분에서 문제를 가지고 있었습니다. 혼자 있을 때 갑자기 두려움이 엄습해 소리를 지르게 된다고 했습니다. 저는 그 학생과 상담할 때 자신이 너무나 심각한 문제를 가지고 있다고 스스로 느끼고 있다는 사실을 깨달았습니다. 그래서 그를 위로하면서 "너는 영적으로 민감한 하나님의 자녀라서 그래. 하나님이 너를 정말 사랑하시나 보다"라고 말했습니다. 내담자가 자신의 문제를 심각하게 인식하고 있을수록 가볍게, 편안하게 상담을 진행해야 합니다.

저는 그 학생을 만나 함께 기도하기 시작했고, 항상 이렇게 말했습니다. "하나님이 너를 정말 사랑하신단다. 하나님이 너를 눈동자처럼 지키신단다." 그 학생은 점점 상태가 좋아졌고 학업도 잘 감당해서 현재는 대학교 졸업 후 회사에 취직해 열심히 일하고 있습니다. 사회의 일원으로, 신실한 신앙인으로 성실하게 살아가고 있습니다.

영적인 부분에서 두려움이나 죄책감 등으로 어려움을 겪고 있는 아이를 상담할 때는 사랑의 하나님을 계속 알려 주어야 하고, 교사를 통해서 하나님의 사랑을 간접적으로 느낄 수 있도록 해야 합니다.

일곱 번째 상담 사례의 주인공인 학생의 가장 큰 고민은 성적이 오르지 않는다는 것이었습니다. 오르지 않는 성적을 놓고 매일 기도하고, 또 기도해도 하나님이 자신의 기도를 들어 주지 않으신다며 고통스러워했습니다. 성적과 하나님을 향한 신앙을 결부시켜서, 자신이 하나님을 잘 믿으면 성적이 좋아야 하는데 그렇지 않아 너무나도 괴롭다는 것입니다.

저는 그 학생과 상담을 하면서 성적과 하나님을 향한 신앙을 연결하지 말라고 주문했습니다. 그리고 그 학생이 공부하는 도서관에 가서 공부 스타일과 습관을 지켜보았습니다. 그러자 문제가 보였습니다. 도서관에 앉아 있는 시간은 긴데, 인터넷을 너무 많이 해서 실제 공부 시간은 얼마 되지 않았던 것입니다. 그리고 자꾸 두리번거리며 집중하지 않는 모습도 있었습니다. 이후 그 학생과 계속 상담하면서 공부 습관과 자세를 바꿔 주었습니다. 그리고 매일 해야 하는 공부를 시간이 아닌 일정 분량 정해서 하라고 권유했습니다. 한 학기 후 그 학생의 성적은 올랐고 자신이 원하던 대학교에 합격했습니다.

공부 때문에 힘들어하는 학생을 상담할 경우에는 단순히 위로하거나 격려하는 역할만 해서는 안 됩니다. 공부가 잘 안되는 이유, 성적이 잘 오르지 않는 이유가 있기 때문입니다. 그 이유를 함께 분석하면서 공부 습관을 바꾸기 위한 실천 목록을 하나씩 하나씩 세워 보고, 변화를 위한 실천을 하고 있는지 점검해 줄 필요가 있습니다.

공감을 생활화하자

몇 가지 상담 사례들을 언급했는데, 상담을 잘하기 위해서는, 그리고 좋은 결과를 내기 위해서는 다섯 가지 원칙이 필요합니다. 이 원칙들을 잘 숙지해서 실제 상담에 자연스럽게 적용할 수 있기를 바랍니다.

상담에서 가장 중요한 것은 바로 '공감'입니다. 아이들이 슬플 때 같이 울어 주고, 기쁠 때 같이 웃어 주는 교사가 이 시대에 너무나 필요합니다. 성경은 "즐거워하는 자들과 함께 즐거워하고 우는 자들과 함께 울라"(롬 12:15)고 말합니다.

공감은 동정과 다릅니다. 동정은 내가 우월한 입장에 서서 어려움에 처해 있는 사람을 불쌍하게 여기는 것입니다. 그러나 공감은 그 어려운 사람의 마음속으로 들어가서 그 사람의 마음을 품는 것입니다. 그 사람과 같은 심리적 상태가 되어 보는 것입니다. 그 사람의 감정과 상황을 내 삶에 재현해 보는 것입니다.

공감은 영어로 'compassion'입니다. 이 단어는 'com'(함께)이라는 단어와 'passion'(고난)이라는 단어가 합쳐져서 만들어졌습니다. 그래서 이 단어가 내포하고 있는 깊은 의미는 '함께 고난을 받는다'입니다. 즉 진정한 공감은 어렵고 힘든 사람의 마음속으로 들어가서 그 사람의 아픔과 상처를 같이 느끼고, 그 사람의 고통과 고난을 함께 느끼는 것을 말합니다.

창세기에 나오는 요셉은 이와 같은 사랑의 공감이 있었기 때문에 나중에 이집트의 총리가 되어서 자신을 이집트의 종으로 팔아넘긴 형들을 만났을 때 형들의 마음속으로 들어가 그들을 이해해 줄 수 있었습니다. 보복이 두려워 불안에 떨며 살았던 형들의 고난과 고통을 느끼게 되자 그들을 진정으로 용서할 수 있게 되었던 것입니다.

저는 우리가 믿는 예수님은 공감 능력이 최고이신 분이라고 확신합니다. 복음서를 읽다 보면 예수님의 공감 능력을 곳곳에서 느낄 수 있습니다. 누가복음 5장에서 예수님은 나병 환자를 고치셨습니다. 나병 환자를 잘못 건드리면 손가락도 잘려 나가고, 코도 떨어져 나갑니다. 그래서 나병 환자는 항상 붕대를 온몸에 감고 다녔습니다. 나병은 전염병이었기 때문에 나병 환자는 격리되어서 살아야 했습니다.

이 나병 환자가 예수님을 보고 엎드려 구하였습니다. "주여 원하시면 나를 깨끗하게 하실 수 있나이다"(눅 5:12). 모든 사람이 다 피하는 나병 환자의 말을 들으신 예수님은 손을 내밀어 그에게 대셨습니다. 모든 사람이 불결하다고 생각하는 그를 만지셨습니다. 그리고 이렇게 말씀하셨습니다. "내가 원하노니 깨끗함을 받으라"(눅 5:13). 그러자 나병 환자의 피부가 깨끗해지는 기적이 일어났습니다.

아픈 사람은 누구든지 피하려고 합니다. 그러나 예수님은 아픈 자와 함께하셨습니다. 그 당시 가장 무서운 병이었던 나병 환자와 주님은 함께하셨습니다. 제가 이 본문에서 정말 감동받은 부분은 바로 예수님이 나병 환자를 만지신 장면입니다. 만진다는 것은 '나는 너를 수용한다. 나는 너의 아픔을 공감한다. 나는 너를 위로한다'는 상징적인 행동입니다. 인간의 몸으로는 만지면 거의 100퍼센트 나병 바이러스에 감염될 수 있는데도 예수님은 개의치 않으셨습니다.

보통 아프면 혼자가 됩니다. 오랜 병에 효자가 없는 법이라고, 아무리 효자라도 부모의 병이 오래 지속되면 지치고 떠나고 싶어 하기 마련입니다. 결국 아프면 주위 사람들이 하나둘씩 떠납니다. 예수님은 아픈 나병 환자의 마음을 공감하셨습니다. 그의 괴로움, 불안함, 고독함을 공감하셨습니다.

예수님의 또 다른 공감 장면이 요한복음 11장에서 발견됩니다. 예수님은 죽은 나사로를 살리러 가셨습니다. 예수님은 자신이 곧 나사로를 살릴 것을 알고 계셨습니다. 살아난 나사로의 모습을 미리 다 보고 계셨던 것입니다. 그럼에도 나사로의 누이들과 친족들이 나사로가 죽은 일 때문에 슬퍼하고 울자 예수님은 어떤 반응을 보이셨습니까? "이 믿음 없는 자들아! 내가 살릴 것인데 왜 우느냐?"라고 정죄하셨나요? 아닙니다. 예수님은 우는 사람들과 같이 우셨습니다.

> 예수께서 눈물을 흘리시더라 요 11:35

이것이 바로 공감입니다.

교사는 이제부터라도 공감 훈련을 해야 합니다. 하루아침에 공감을 잘하는 교사가 될 수는 없습니다. 매일의 일상생활 속에서 공감하는 훈련을 해야 하고, 공감을 생활화해야 합니다. 상담 때만 공감하는 것이 아닙니다. 상담 때만 공감하는 것은 공감이 하나의 상담 기술로 변질되었기 때문입니다. 공감은 생활이 되어야 합니다. 그러한 공감적 생활을 바탕으로 할 때 상담 시에 자연적으로 공감이 드러나는 것입니다.

적극적인 자세로 이야기를 잘 듣자

제가 정의하는 상담은 '듣는 예술'입니다. 여기서 '듣는'을 영어로 표현하면 'listening'입니다. 영어 단어 'hearing'은 가만히 있어도 들리는 것을 의미하고, 'listening'은 집중해서 들어야 들리는 것을 가리킵니다. 상담은 내담자가 어떤 생각을 가지고 있는지, 어떤 어려운 일이 있는지 관심을 가지고 집중해서 잘 들어야 이루어지는 것입니다. 잘 듣는 것이 진정한 상담입니다.

어떤 사람은 상담을 오해해서 상담자가 일방적으로 지침을 주고 해결책을 제시하는 것이라고 생각합니다. 상담은 상담자가 일방적으로 이끌고 나가는 것이 아니라, 내담자와의 협동을 통해 이루어집니다. 오히려 내담자가 이야기를 주도하게 만듭니다. 그렇기 때문에 상담자의 역할은 내담자가 속이야기를 끄집어낼 수 있도록 도와주는 것입니다.

교사는 아이들과 상담을 할 때 마음과 귀를 열고 그들의 이야기를 적극적으로 들어야 합니다. 아이가 자신의 이야기를 끄집어내기만 해도 문제는 해결되는 과정 중인 것입니다. 굳이 해결책을 직접적으로 주지 않아도, 아이는 이야기를 끄집어내면서 동시에 해결책도 스스로 찾게 됩니다. 그래서 상담이란 교사가 아이 스스로 이야기를 끄집어내서 스스로 해결책을 찾고, 그 해결책으로 나아갈 수 있도록 도와주고 격려하고 힘을 북돋아 주는 것입니다. 교사가 일방적으로 아이에게 지침을 준다든가, 때로는 네가 잘못했다고 혼을 낸다든가, 행동 변화를 강조하는 해결책을 제시할 경우, 아이는 다시는 교사와 상담하고 싶어 하지 않을 것입니다.

간혹 신앙이 매우 좋은 교사가 아이와 상담할 때 성경 구절 하나를 쉽게 주거나 기도하면 바로 해결된다는 식의 신앙적인 접근을 시도하곤 하는데, 이것은 오히려 역반응을 일으킬 수 있습니다. 상담은 철저히 아이의 입장이 되어서 해야 합니다. 신앙적으로만 답을 주면 아이의 입장에서는 자신이 기도하지 않아서 문제가 해결이 안 되는 것인지, 하나님이 자신을 싫어 하시는 것은 아닌지 등 말도 안 되는 생각을 하며 자책감이나 죄책감에 빠지기 쉽습니다. 그리고 신앙이 약한 아이의 경우 신앙에 방황이 올 수 있습니다.

그저 아이의 이야기를 잘 들으십시오. 처음에 아이가 자기 이야기를 잘 하지 않으면 보통은 상담하고 있는 교사와 친하지 않은 것입니다. 그때는 상담을 한 번에 다 끝내려고 하지 말고 아이를 여러 번 만나야 합니다. 아이에게 부담을 주면 안 된다는 의미입니다. 아이가 자발적으로 교사를 찾는 경우에 상담이 잘 이루어질 수 있습니다.

교사가 아이에게 먼저 상담하자고 하면 대다수의 아이들은 자신에게 무슨 문제가 있나 생각하면서 부담감을 가지고 긴 장하게 됩니다. 따라서 교사가 먼저 상담하자고 하는 경우에 는 아이의 속이야기를 단번에 끄집어내려고 하지 말고, 간식을 먹으면서 지금 살아가고 있는 일상의 대화를 가볍게 나누는 것이 좋습니다. 그리고 그 대화의 내용을 점차 늘려 가고,

보다 깊은 대화로 끌고 가야 합니다.

그 단계가 끝나면 이제는 주거니 받거니 식의 대화가 아니라, 상담을 받는 아이가 주도해서 자기 내면의 이야기를 하고, 교사는 차분하게 공감하면서 들으면 됩니다. 상담은 절대로 한술 밥에 배 부르면 안 되는 것입니다. 다시 한 번 강조하지만, 상담은 시간을 가지고 세 번 이상은 만나야 조금씩 효과를 발휘합니다.

그리고 아이들과 만나서 상담을 진행할 때는 적극적인 자세를 보여 주어야 합니다. 아이의 이야기를 듣고 싶다며 적극적으로 말하고, 적극적인 표정을 지어야 합니다. 먼저 아이가 교사를 찾은 경우에도 마찬가지입니다. "내가 너의 이야기를 얼마나 듣고 싶었는데, 나를 신뢰하고 찾아 줘서 고마워!" 등 교사 자신이 정말 상담을 원했다는 표현을 적극적으로 해 주어야 합니다.

그리고 상대방이 더 빨리 알아차리는 것은 언어적인 표현보다 비언어적인 표현이기 때문에, 상담하면서 교사는 비언어적인 표현을 잘해야 합니다. 비언어적인 표현 가운데 대표적인 것이 표정입니다. 따라서 교사는 아이와 상담을 할 때는 아무리 피곤하더라도 인상을 쓰거나 무뚝뚝한 표정을 지으면 안 되고, 아이의 눈을 정확히 보면서 적극적인 표정을 지어야 합니다. 그래야 상담을 받는 아이 입장에서 마음에 부담감 없이 편안하게 이야기를 꺼내 놓을 수 있습니다.

교사는 상담 시 아이들의 이야기를 들으면서 공감적 반응을 해 줘야 합니다. 공감적 반응은 어렵지 않습니다. 경청하는 표정을 지으면서 아이의 눈을 바라본다든가, 아이가 자신의 이야기를 나눌 때 "아, 그렇구나. 얼마나 힘들었겠니. 마음이 참 아프다. 그걸 견뎌 내고 있다니 너 참 대단하구나" 등 적극적으로 반응하는 것입니다. 재미있게 표현하면, 일종의 추임새를 넣는 것입니다. 이는 상담에 큰 효과를 가져다줍니다.

그리고 상담할 때 아이가 자신의 이야기를 하다가 멈추는 경우가 있습니다. 아이가 자신의 이야기를 나누다가 비밀이 드러날까 봐 갑자기 두려워졌기 때문입니다. 원래 사람이 다 그렇습니다. 누군가에게 자신의 비밀을 털어놓는 것을 좋아하는 동시에, 누군가가 자신의 비밀을 알게 된다는 생각에 두려워합니다. 그래서 아이도 교사를 믿고 이야기를 꺼냈다가 순간 두려움을 느껴서 이야기를 멈출 수 있습니다. 침묵이 흐를 수 있습니다. 그때 교사는 당황하지 말고 자신의 이야기를 꺼내야 합니다. 아이가 말하고 있는 주제와 비슷한 자신의 어린 시절 경험을 빠르게 떠올려서 교사 자신의 이야기를 해야 합니다. 예를 들어, "선생님도 너만 했을 때 그런 경험이 있었어. 네가 경험한 것과 비슷하지?" 등입니다.

이렇게 교사가 자신의 이야기를 하면 아이는 안전함을 느낍니다. 동시에 선생님도 자신과 똑같은 경험을 했다는 사실에 동질감을 느껴 선생님을 더 신뢰하게 됩니다. 자신이 경험한 문제가 비단 자신만 경험한 문제가 아니라는 사실을 깨닫고, 자신도 선생님처럼 문제를 극복할 수 있을 것이라는 자신감을 갖게 됩니다. 교사가 자신의 이야기를 하는 것은 상담 시 좋은 효과를 발휘합니다.

이와 관련해 전도에 대해 잠시 언급하고 싶습니다. 가장 효과적인 전도는 아이에게 전도지를 주며 전도하는 것이 아니라, 교사가 자신의 이야기를 나누는 것입니다. 자신이 어떻게 하나님을 믿게 되었는지, 하나님을 믿었더니 무엇이 좋은지, 얼마나 행복한지에 대해서 이야기를 나누면 그것보다 좋은 전도법이 없습니다.

아이들이 자신의 비밀을 털어놓기를 두려워하는 상황에 대처할 수 있는 쉬운 실천 방법은 상담 시작 전에 아이에게 비밀 보장이 된다는 점을 말해 주는 것입니다. 요즘 교회학교 아이들의 부모들은 대부분 아이와 같은 교회에 다닙니다. 즉 교회학교 교사와 아이들의 부모가 한 교회에 다니는 것입니다. 따라서 교사와 부모가 서로 알고 있을 확률이 높고, 아이의 비밀 이야기가 부모 귀에 들어갈 가능성도 높습니다. 그렇다 보니 자연스레 아이들은 교사에게 자신의 비밀 이야기를 꺼내 놓는 것에 대해 두려움을 가지고 있습니다.

따라서 교사는 상담을 시작하기 전에 "선생님 믿지? 네가 말하는 것은 아무한테도 말하지 않고 꼭 선생님만 알고 있을 게. 선생님을 신뢰하고 속에 있는 이야기를 꺼내 놓으렴"이라는 말을 해 주어야 합니다. 그리고 아이의 이야기는 절대로 누설해선 안 됩니다.

상담 주제를 공부하자

아이들과 상담하기 위해서는 아이들이 주로 고민하는 주제를 잘 알아야 합니다. 아이들의 연령대에 따라 상담 주제가 다릅니다. 제가 임상을 해 본 결과, 초등학교 4학년부터 청년기까지는 상담 주제가 거의 비슷하고 얼마 되지 않습니다. 가장 많은 상담 주제는 '이성 교제', '진로', '학업', '친구 관계', '가족 관계', '신앙', 다양한 '중독' 등입니다.

상담 주제	세부 주제
이성 교제	• 좋아하는 이성이 있다 • 이성과 사귀고 있는데 스킨십을 하고 싶다 • 부모님 몰래 이성과 사귀고 있다 등
진로	• 미래에 무엇을 해야 할지 모르겠다 • 나의 재능을 모르겠다 • 하나님이 기뻐하시는 사명과 비전이 무엇인지 찾기 어렵다 등
학업	• 성적이 안 나와서 걱정이다 • 성적을 올리는 방법을 모르겠다 • 공부하기가 싫다 등

어쩌다 교사

친구 관계	• 어떤 친구와 사이가 좋지 않다 • 인기 있는 친구가 되고 싶다 • 친구를 사귀고 싶다 등
가족 관계	• 부모님(형제자매)과 사이가 좋지 않다 • 부모님(형제자매)과 어떻게 대화를 할지 모르겠다 • 부모님에 대해 반항심이 생긴다 등
신앙	• 하나님을 알고 싶다 • 내가 구원받았는지 모르겠다 • 하나님을 만나는 방법을 모르겠다 등
중독	• 게임을 계속하게 된다 • 하루에 몇 시간씩 유튜브를 본다 • 웹툰이 너무 재미있어 계속 보게 된다 • 아이들이 보지 말아야 하는 이상한 영상을 계속 본다 • 성적인 생각과 행동을 자꾸 하게 된다 등

〈상담 주제의 예시〉

상담 주제를 제대로 파악하고 이와 관련해 도움을 줄 수 있는 상담 관련, 심리 관련, 교육 관련 책들을 찾아보거나 인터넷 정보를 검색하고 공부하면 좋은 상담가가 될 수 있습니다. 더 좋은 방법은 교사들끼리 모여서 공부를 같이 하는 것입니다. 앞서 언급한 상담 주제별로 교사들이 돌아가면서 책을 찾아보고, 발제하고, 서로 의견을 나누면 아주 좋은 공부 모임이 될 것입니다.

상담을 통해 교사도 배우고 성장하자

'성장 상담'(Growth Counseling)이라는 상담학 용어가 있습니다. 상담을 하면 내담자만 유익한 것이 아니라 상담자도 유익하다는 의미입니다. 내담자만 변화되고 성장하는 것이 아니라 상담자도 똑같이 변화되고 성장한다는 것입니다. 아이와 상담하면 교사도 배울 수 있습니다. 아이와 상담하면서 교사도 자신의 해결되지 못한 내면의 문제를 깨닫고 성장하고 성숙할 수 있습니다. 그렇기 때문에 교사는 상담을 통해서 무엇인가를 배우려고 노력해야 합니다.

좋은 적용은 상담 노트를 쓰는 것입니다. 아이와 상담하고 나서 집에 돌아와 상담 주제를 기록하고, 상담하면서 느낀 점이나 자신의 감정 상태를 기록합니다. 그리고 자신이 깨달은 내면의 문제를 적고, 이에 대한 기도 제목을 기록하면 아주 좋은 상담 노트가 됩니다. 상담하고 기록하고 기도하는 습관을 가지면 상담을 하면 할수록 교사 자신이 성장하고 성숙해진다는 느낌이 들 것입니다.

상담은 많은 시간을 필요로 합니다. 주중에도 아이들을 만나야 합니다. 이 시대에는 온라인을 통해 계속 아이들을 만나고 상담을 진행해야 합니다. 이것은 진짜 아이들을 사랑하는 방법이요, 진정한 헌신입니다. 상담을 실천해 보세요. 아이들이 바뀌고, 교사가 바뀌고, 교회학교가 바뀝니다.

어쩌다 교사

상담 날짜		내담자		상담 장소	
상담 주제					
상담하면서 느낀 점, 감정 상태					
깨달은 나의 내면의 문제					
기도 제목					

〈상담 노트 예시〉

한국 교회 교회학교의 주인 되시는 전능하신 하나님!

제게 가장 순수하고 아름다운 영혼을 지닌 아이들을 만나서 교제하고 가르치고 양육할 수 있는 기회를 주심에 진심으로 감사를 드립니다.

아이들 앞에 부끄럼 없이 서는 교사가 되기 위해서 맑고 깊은 영성을 지닌 교사가 되기를 원합니다.

사도 바울의 가르침대로 항상 기도하는 교사가 되게 하소서.

예배의 소중함을 깨닫고, 예배드리는 기쁨과 감격을 예배 때마다 맛보는 가운데 삼위일체 하나님께만 영광 돌리는 삶이 되게 하소서.

사랑하는 하나님, 저의 가르침이 말로만 이루어지지 않게 하시고, 아이들에게 삶으로 보여 줄 수 있도록 더 큰 신앙과 삶의 성숙을 허락하여 주시기를 간구합니다.

신앙에 대한 열정, 삶에 대한 열정, 가르침에 대한 열정, 아이들에 대한 열정이 가득한 교사가 될 수 있도록 저의 삶을 붙들어 주소서.

하나님 앞에 거짓이 없이 일관되게 최선을 다해 교사의 직분을 감당하는 성실한 교사가 될 수 있도록 저를 지켜 주소서.

부족한 제가 아이들에게 신앙의 모델, 인격의 모델, 비전과 사명의 모델이 될 수 있도록 저를 세워 주소서.

평화의 하나님, 제가 관계 중심적인, 마음 따뜻한 사람으로 거듭나기를 소망합니다.

마음을 여는 상담을 통해 아이들의 눈에서 흐르는 눈물을 닦아 주게 하소서.

동료 교사, 담당 교역자, 학부모 사이에 가로막힌 벽이 무너지게 하시고, 사랑 안에서 연합되게 하소서.

능력의 하나님, 제가 아이들을 가르치는 데 있어 전문성을 갖춘 교사로 발전하기 원합니다.

하늘의 모든 권세를 버리고 우리를 위해 낮아지셔서 이 땅에 오신 예수님처럼 아이들에게 눈높이를 맞추고 아이들의 문화를 이해하는 교사가 되게 하소서.

공과 공부를 철저히 준비하고, 아이들에게 하나님의 말씀을 효과적으로 잘 가르치는 교사가 되게 하소서.

하나님이 맡겨 주신 교사의 직분을 충성되게 잘 감당함으로 제가 맡고 있는 아이들이 하나님의 뜻대로 잘 자라나 한국 교회와 한국 사회와 세계를 위해 빛과 소금의 역할을 잘 감당하는 하나님의 사명자들이 될 수 있도록 인도하여 하소서.

지금 코로나19의 위기 가운데 교회학교가 흔들리고 있습니다. 뿌리 깊은 나무는 흔들리지 않는 것처럼 본질과 기본을 지키며 든든히 교사의 자리에 서 있는 하나님의 일꾼 되게 하여 주소서.

전능하신 하나님께 이 모든 기도의 제목을 올려 드리오며, 한국 교회 교회학교를 뜨겁게 사랑하시고 신실하게 이끌고 계시는 한국 교회 교회학교의 주인이신 예수 그리스도의 이름으로 간절히 기도드립니다. 아멘.

교사는 이것이 궁금해요! Q&A

(1) 자원해서 교회에 나온 것이 아니라, 부모에 의해 억지로 나온 아이, 초등학생 때까지만 교회에 다니고 중학생이 되면 교회에 안 나오겠다는 아이를 어떻게 해야 할까요?

　　우리 아이들은 옳은 말을 하는 사람의 말을 듣는 것이 아니라, 친절하게 말하는 사람의 말을 듣습니다. 부모에 의해 억지로 교회에 나온 아이는 분명 부모에게 싫은 소리를 들으면서 교회에 나왔을 것입니다. 따라서 아이는 교회에는 나오더라도 마음 문을 닫아 버립니다. 교사는 이러한 아이의 상황을 이해하면서 친절하게 말하는 습관을 가져야 합니다. 신앙에 대해서 설명할 때도, 성경에 대해 알려 줄 때도, 예배에 대해 강조할 때도 최대한 웃으면서 친절하게 설명해 주어야 합니다. 아이는 친절하게 말하는 사람에게 마음 문을 열고, 친절하게 말하는 사람의 말을 들을 것입니다.

　　아이들이 싫어하는 어른은 기분 나쁘게 잔소리하는 어른입니다. 입장 바꿔서 생각해 보세요. 어른들도 다른 사람으로부터 기분 나쁜 잔소리를 듣는 것을 싫어합니다. 그러므로 교사는 이제부터는 친절하게 설명하는 습관을 가져야 합니다. 화내지 말고 인내하면서 상냥하게 말하는 습관을 가져야 합니다. 아이들은 친절한 교회 선생님을 보고 싶어서라도 교회에 나오고 싶어질 것입니다.

(2) 예배 중에 딴짓하는 아이, 예배 분위기를 흐트리는 아이를 어떻게 교육해야 할까요?

　　예배 중에 딴짓하는 아이, 떠드는 아이, 휴대전화를 만지는 아이, 자는 아이 등이 있으면 예배 분위기가 흐트러집니다.

이럴 때 교사가 가서 잔소리한다고 듣는 아이들이 아니니 더욱 골치가 아플 수밖에 없습니다. 잔소리하면 반항하기 일쑤이고, 오히려 잔소리를 듣기 싫어서 교회에 나오지 않겠다고 하면 교사 입장에서는 정말 머리 아픈 일이 아닐 수 없습니다. 이럴 때 좋은 방법은 '나-메시지'를 사용해서 말하는 것입니다. '나-메시지'는 내 상황과 감정, 느낌, 그리고 내가 바라는 것에 집중해서 아이에게 말하는 것입니다. 반대로 '너-메시지'는 상대방의 상황과 감정, 느낌에 집중해서 말하는 것입니다. '나-메시지'는 심리학, 교육학, 커뮤니케이션학에서도 검증된 좋은 의사소통 방법이기 때문에 적극적으로 사용할 필요가 있습니다.

제자 중 한 명이 현재 청소년부 전도사인데 힘들어하면서 찾아온 적이 있습니다. 그는 이렇게 말했습니다. "교수님, 교회에서 한 아이 때문에 상처받았어요. 지난 주일에 설교하는데 한 아이가 고개를 푹 숙이고 휴대전화를 만지는 것 아니겠어요? 설교 내내 휴대전화만 해서 정말 화가 나고 기분이 나빴어요. 그래도 좋게 타이르려고 예배를 마치고 나서 그 아이에게 가서 이렇게 말했어요. '너 설교 시간에 계속 고개 숙이고 휴대전화 하면 고개와 손목이 아플 것 같은데?'라고요. 그랬더니 그 아이가 저한테 뭐라고 말한 줄 아세요? '전도사님, 제 고개와 손목 안 아픈데요? 안 아픈데 웬 참견이세요?'"

이 전도사의 말에 어떤 문제가 있을까요? 오히려 아이를 배려하면서 이야기한 것인데 말입니다. 문제는 아무리 친절하게 배려하듯이 말했을지라도 '너의 고개와 너의 손목이' 등 '너-메시지'를 사용했다는 것입니다. '나-메시지'를 사용했어

어쩌다 교사

야 합니다. 좋은 방법은 나의 상황과 감정, 느낌, 그리고 내가 원하는 것에 집중해서 차분하게 아이에게 말하는 것입니다. 예를 들면 이렇게 말할 수 있습니다. "내가 설교할 때 네가 고개 숙이고 휴대전화만 만져서 내가 설교에 집중하기가 힘들었어. 네가 다음 주부터 설교 시간에 앞을 바라보면 나는 신이 나서 설교를 더 잘할 수 있을 것 같아." 이렇게 '나-메시지'로 말하면 아이는 변화될 확률이 높아집니다. 예배 분위기를 흐트리는 아이가 있다면 '나-메시지'를 사용해 말해 보기를 바랍니다.

(3) 우리 교회는 매주 성경 암송 시간이 있는데, 암송을 못하는 아이는 어떻게 가르쳐야 할까요?

아동부 사역을 할 때 매주 아이들과 함께 성경을 암송하는 시간을 가졌습니다. 아이들이 성경 암송에 열심히 참여하게 하기 위해서는 재미의 요소를 넣어야 합니다. 예를 들어, 노래로 암송하는 것입니다. 성경 구절과 관계된 노래가 이미 있으면 제일 좋습니다. 또는 기존 찬양에 암송할 구절을 가사로 넣어서 부르게 해도 괜찮은데, 이 경우 준비 시간이 좀 걸리고 노래 자체가 어려우면 음정을 맞추는 데 집중하다가 오히려 가사를 못 외우는 경우가 생길 우려가 있습니다.

그래서 더 좋은 방법은 요즘 아이들이 익숙한 랩의 형식을 가지고 성경 구절을 암송하게 하는 것입니다. 랩은 일정한 운율과 끊어지는 패턴이 있기 때문에 어떤 성경 구절도 쉽게 적용시킬 수 있습니다. 그렇다 보니 준비 시간이 짧고 아이들도 재미있게 따라 할 수 있습니다.

이 밖에 성경 구절을 다 같이 천천히 외우다가 1.5배 빠른 속도로 외우고, 2배 빠른 속도로 외우고, 3배 빠른 속도로 외우면 아이들은 속도를 놓치지 않으려고 엄청 열심히 따라 하게 됩니다. 그리고 성경을 암송할 때는 건전한 경쟁을 유도하면 좋습니다. 성경 암송을 잘한 아이들에게는 작은 선물을 줍니다. 또한 두 달에 한 번씩 성경 암송 대회를 열고 시상하면 아이들이 서로 열심을 내서 성경을 암송할 것입니다.

(4) 교회에서 반 아이들끼리 사이가 좋지 않은데 어떻게 해야 할까요?

이때 교사에게는 아이들 사이에서 일어나는 관계의 역동을 파악할 수 있는 지혜가 있어야 합니다. 그리고 교사는 아이들 사이에서 중재자 역할을 해야 합니다. 아이들 사이에서 관계에 문제가 있으면 그 관계를 친근하게 만드는 중재자 역할을 해야 하고, 한두 아이가 겉돌고 있으면 다른 아이들과 어울릴 수 있도록 하는 중재자 역할도 해야 합니다.

중재자 역할을 할 때 필요한 것은 바로 '개별적인 배려'입니다. 리더십 이론에서 '변혁적인 리더십'의 핵심 요소가 바로 '개별적인 배려'입니다. 교사는 반 아이들 전체 공동체에 관심을 가지고 반을 이끌고 가야 하지만, 반 아이 한 명, 한 명에 대한 개별적인 배려를 해야 합니다. 반 아이 한 명, 한 명을 심방하고 상담하면서 교사와 아이는 친밀한 관계가 되어야 합니다. 그리고 이러한 친밀한 관계를 바탕으로 교사는 아이들 사이에서 중재자 역할을 해야 합니다.

그리고 교사는 실제 공과 공부 시간에 반 전체가 함께할 수 있는 교육 방법, 예를 들면 협동 학습 방법을 사용해야 합니다. 협동 학습 방법은 반 전체가 같이 협동하는 활동을 하면서 관계성을 높이는 방법입니다.

예를 들어, '신문지 접기 놀이'가 있습니다. 신문지 위에 반 전체 아이들이 올라가게 하는 것입니다. 그다음 신문지를 반으로 접어 반 아이들이 또 올라가게 합니다. 이 미션을 수행해 내면, 신문지를 또다시 반으로 접어 아이들이 올라가게 합니다. 이 과정을 진행하면 신문지에 반 전체 아이들이 올라가기 위해 힘이 센 어떤 아이는 다른 아이를 업기도 하고 자기 발 위에 올라가라고 하기도 합니다. 이 놀이를 통해 반 전체의 관계성을 높이고 친밀감을 형성할 수 있습니다. 이처럼 함께 몸을 움직이는 게임과 같은 협동 학습 방법이 관계성을 높이는 데 큰 도움이 됩니다.

(5) 반에서 부끄럼이 많은 아이를 어떻게 대해야 공동체 안으로 들어오게 할 수 있을까요?

반에는 부끄럼이 많은 아이가 꼭 있습니다. 부끄럼이 많은 아이는 친구들과 이야기도 많이 나누지 않고, 고개를 숙이고 앉아 있고, 교사가 질문해도 수줍은 듯이 웃기만 합니다. 부끄럼이 많은 아이는 처음 교회에 나와서 적응이 안 되어서 그럴 수도 있지만, 교회에 오래 다녔음에도 불구하고 부끄러워한다면 성격적인 측면이 크다고 할 수 있겠습니다.

부끄럼이 많은 아이들의 대부분은 많은 친구가 아닌 소수의 친구를 사귀고 그들과 어울리는 경향을 가집니다. 그렇기 때문에 부끄럼이 많은 아이에게 한 번에 전체 아이들 속에 들어가 친하게 지내라고 주문한다고 그렇게 할 수 있는 일이 아닙니다. 좋은 방법은 반 아이들 중에 신앙이 좋고, 성격이 좋으며, 다른 사람과 잘 어울리는 관계성 높은 아이를 따로 교사가 불러서 부끄럼이 많은 아이 옆에 앉아서 그 아이에게 말을 걸어 주고 그 아이와 친해지기 위해 노력해 달라고 부탁하는 것입니다. 그러면 그 아이가 부끄럼이 많은 아이와 친해지기 위해 노력할 것입니다. 옆에서 말도 걸어 주고, 같이 먹을 것도 먹으러 가고, 챙겨 주기도 할 것입니다.

이러한 과정 중에 부끄럼이 많은 아이는 마음의 문을 열게 되고, 반 안에서 친한 친구가 생겼기에 자신감을 가지게 됩니다. 이렇게 서서히 아이는 반 전체에 녹아들 것입니다.

(6) 욕이나 거친 말, 상스러운 말을 쓰는 아이를 어떻게 해야 할까요?

욕이나 거친 말, 상스러운 말을 하는 아이들을 상담해 보면 그들에게는 주목받고 싶어 하는 경향이 있음을 발견하게 됩니다. 공과 공부 시간에 자신이 주목받지 못한다고 생각하면 말로써 돌발 행동을 보이는 것입니다. 욕이나 거친 말, 상스러운 말을 사용하면 교사와 다른 친구들이 다 자기를 주목하게 될 것을 아니까 이것이 재미있어서 그렇게 말하는 것입니다.

그럼 아이의 입장에서는 왜 주목받기를 원할까요? 자신이 이상한 말을 사용해서 교사와 아이들이 자신을 쳐다보는 것은 사실 부정적인 측면에서 주목받는 것인데, 그 부정적인 측면에서의 주목이라도 받고 싶어 존재감을 드러내는 것입니다. 교사는 이러한 동기를 이해하고 욕이나 거친 말, 상스러운 말을 사용하는 요주의 인물을 파악한 후 그 아이가 돌발적인 말을 사용하기 전에 먼저 그 아이에게 말할 수 있는 기회를 주

어쩌다 교사

어 주목받을 수 있게 해야 합니다.

제일 좋은 방법은 역시나 칭찬입니다. 아주 쉬운 문제라도 답을 맞혔으면 칭찬을 해 주어야 합니다. 그리고 "다 같이 박수!" 같은 말을 반 전체에 하면서 그 아이를 반 전체 아이들이 격려해 주고 세워 주도록 유도해야 합니다.

그러나 이렇게 노력하는데도 불구하고 계속 욕이나 상스러운 말, 거친 말을 사용하면서 반 분위기를 흐트리거나 공과 공부를 방해할 때에는 완전히 다른 방법을 사용해야 합니다. 교사가 그 아이를 칭찬해 주고, 말할 기회도 주고, 주목받을 수 있는 시간도 주었는데 계속 이상한 말을 하면 오히려 그 아이에게 너무 집중하면 안 됩니다. 그 아이에게 집중하다가 교사가 지치고, 다른 아이들에게 쏟아야 할 에너지가 소진되어 버릴 수 있습니다.

그래서 이런 상황에서는 오히려 그 아이를 주목하지 않아야 합니다. 그 아이를 신경 쓰지 말고 다른 아이들에게 집중하면서 공과 공부를 진행해 나가는 것입니다. 그렇게 되면 이상한 말을 쓰면서 주목받으려는 아이는 자신의 작전대로 되지 않는다는 것을 깨닫고, 교사가 자신을 다시 주목하기 원하는 마음으로 좀 전의 행동과는 반대로 좋은 모습을 보이게 되고, 공과 공부에 잘 참여하려는 모습을 보이며, 교사가 물어보는 질문에 정답을 말하려고 하게 됩니다. 이러한 아이의 심리를 정확히 파악해서 공과 공부를 진행하고 아이와 대화하는 전문성 있는 교사가 되기를 바랍니다.

(7) 예배 시간에 찬양하지 않는 아이를 억지로 찬양하게끔 하는 데 지쳤습니다. 이제 어떻게 해야 할까요?

재미있는 현상은, 예배에 참석한 전체 인원 중에 찬양하는 아이들이 많으면 찬양을 안 하던 아이도 따라 하게 됩니다. 반대로 찬양하지 않는 아이들이 많으면 찬양하던 아이도 찬양을 안 하게 됩니다. 따라서 예배에 참석한 전체 인원 중에 찬양하는 인원수를 늘리고 찬양하는 문화를 만드는 것이 중요합니다.

정답으로 이야기할 수 있는 교육적인 방법은 찬양에 대해서 아이들에게 알려 주는 것입니다. 무작정 찬양하라고만 하지 말고 찬양이 무엇인지, 왜 찬양해야 하는지, 어떻게 찬양해야 하는지 등을 알려 주어야 하는 것입니다. 찬양뿐만 아니라 기도, 묵상, 전도, 헌금 등도 마찬가지입니다. 예를 들어, 많은 아이가 헌금이 무엇인지 모릅니다. 왜 헌금해야 하는지 모르니까 헌금을 드리는 태도도 엉망이고 헌금을 드리는 것을 아까워합니다. 그래서 헌금 교육이 필요한 것입니다. 의외로 아이들은 자세하게 설명해 주면 받아들이고 기꺼이 하는 경향이 있습니다.

이 밖에 다른 방안은 교사가 아이들 가운데 들어가서 먼저 열심히 찬양하는 것입니다. 교육학에서 중요한 교육 방법은 '모델링'입니다. 교사가 아이들의 모델이 되는 것입니다. 교사가 먼저 예배를 잘 드리는 모습을 보이면 그 옆에 있는 아이들은 교사의 모습을 보고 따라 하게 됩니다. 교사가 먼저 찬양을 열정적으로 하는 모습을 보이면 그 옆에 있는 아이들은 교사의 모습을 보고 따라서 열정적으로 찬양하게 됩니다.

제가 여러 교회에서 교사 대학을 인도할 때 교사들이 꼭 알려 달라고 요청하는 질문이 있습니다. "어떻게 하면 우리 부서 예배가 살아나고 우리 부서가 부흥할 수 있을까요?"입니다. 이에 대한 아주 중요한 답을 저는 간단히 말합니다. "교회학교 교사들이 집중해서 부서 예배를 잘 드리고, 예배 가운데 하나님의 은혜를 경험하면 됩니다."

예배 자리에 나온 순간 목회자든지, 교사든지, 학생이든지 모두 다 하나님 앞에 예배자로 서게 됩니다. 그래서 구성원 모두가 다 예배를 잘 드려야 하는 것입니다. 예를 들어, 아동부 교사가 아동부 예배를 드린다면 아동부 교사이기 이전에 예배자로 서 있는 것입니다. 아이들 가운데 들어가서 먼저 열정적으로 열심히 찬양하고 예배드리는, 아이들의 모델이 되는 교사가 되기를 소망합니다.

(8) 비싼 최신 휴대전화를 가지고 와서 자랑하고, 돈 많은 부모님을 자랑하는 아이를 어떻게 해야 할까요?

교회학교 교사는 원칙을 세워야 합니다. '예배당에 들어올 때는 휴대전화의 전원을 끄고 가방 안에 넣고 꺼내지 않을 것'이라는 원칙입니다. 교사는 원칙을 세우는 자이고, 아이들이 원칙대로 행동하도록 격려하고 훈육하는 역할을 해야 하는 사람입니다. 예배당에 들어올 때 아예 휴대전화가 보이지 않게 하는 이 원칙이 잘 지켜지면 휴대전화 때문에 예배가 방해되는 일도 없으며 위화감이 조성되는 문제도 해결될 수 있습니다.

그리고 원칙을 위배해서 계속 비싼 휴대전화를 꺼내고 주변 아이들이 그 휴대전화를 보며 만지는 일이 생기면 휴대전화를 가진 아이의 부모에게 알려 협조를 구해야 합니다. 요즘은 교회에 나오는 아이들의 대부분의 부모가 같은 교회에 다닙니다. 돌려 말하면, 교회에 다니는 부모의 자녀가 교회에 나옵니다. 한편으로는 이제는 전도가 어렵다는 안타까운 현상이기는 하지만, 긍정적으로 볼 때 이제는 부모와 함께하는 신앙 교육이 가능하다는 의미이기도 합니다. 교회학교 교사가 부모에게 협조를 구해서 기독교 교육을 같이 해 나갈 수 있는 시대인 것입니다. 그래서 아이들에게 교육했는데 잘 따르지 않으면 아이의 부모에게 협조를 구해서 함께 아이들을 교육해 나가는 것이 필요합니다.

(9) 교회학교 예배에 자주 빠지는 아이가 있어 이유를 물어보면 "학원 가요"라고 아무렇지도 않게 말하는데, 그 아이에게 어떤 신앙적인 조언을 해 줄 수 있을까요?

요즘 교회학교는 '학원과 싸운다'는 말이 있을 정도로 아이들이 주일에 학원 가는 문제가 심각합니다. 이 질문에 대한 답은 사실 아이가 아닌 부모가 들어야 합니다. 주일에 학원에 가고 싶어서 가는 아이는 소수일 것입니다. 대부분은 부모가 주일에 학원에 가라고 하기 때문에 가는 것입니다. 실제로 주일에 교회에 나오고 싶어도 부모가 학원에 가라고 해서 어쩔 수 없이 교회가 아닌 학원에 가는 경우가 상당히 많습니다.

저는 방학 때마다 청소년 수련회를 인도하는 사역을 하는데, 수련회 때마다 청소년들이 하나님의 은혜를 충만하게 받습니다. 그리고 그들은 수련회 마지막 예배 때 "이제는 신앙생

어쩌다 교사

활을 제대로 하겠습니다. 예배를 내 삶의 최우선 순위로 놓고 예배를 잘 드리는 신앙인이 되겠습니다"라고 결단합니다. 하지만 수련회를 마치고 그다음 주부터 교회학교 예배에 빠지고 학원으로 직행하는 아이가 나옵니다. 그 이유는 아이들의 의지력이 부족해서 수련회 때 받은 은혜를 금방 다 잊어버려서가 아닙니다. 부모에 의해 등 떠밀려서 학원으로 가게 된 경우가 많은 것입니다. 따라서 이 문제를 해결하기 위해서는 아이들 교육보다 부모 교육이 시급히 요청됩니다.

교사가 부모 개개인을 만나서 이야기하는 것은 큰 효과가 없습니다. 오히려 잘못 이야기했다가 오해의 소지가 될 수 있고, 부모와의 사이가 나빠질 수도 있습니다. 따라서 교회학교 전체에서 부모 교육 시스템과 커리큘럼을 마련하고, 부모 커뮤니티를 형성해야 합니다.

교회학교 전체 교역자들과 교사들이 준비해서 부모 교육을 정기적이고 체계적으로 하는 시스템을 만들고, 아이들의 지적, 심리적, 문화적 이해에 관한 교육, 가정 안에서의 신앙 교육, 소명, 비전, 사명, 진로에 관한 교육 커리큘럼을 만들어 부모 교육을 실시해야 합니다.

그다음 부모 커뮤니티를 형성하도록 이끄는 것이 중요합니다. 부모 단톡방을 만들어서 부모들이 신앙적인 교제를 하며 신앙의 긍정적인 영향을 서로 주고받도록 해야 합니다. 부모들이 부모 교육에 참여해서 은혜를 받고 신앙 중심의 자녀 교육을 하겠노라고 결단하지만 변화가 지속되지 못하는 이유는 일주일 동안 사회에서 만나는 사람들, 그들의 교제권에 있는 사람들의 대부분이 비신자들이기 때문입니다. 따라서 신앙인 부모들끼리 커뮤니티를 형성해 계속 신앙적인 영향을 주고받으면서 자녀의 인생길을 주관하시고 인도하시는 분이 하나님이심을 실제적으로 믿고, 신앙 중심의 자녀 교육을 할 수 있는 에너지를 끊임없이 공급받도록 해 주어야 합니다.

(10) 우리 교회 아이들 중에 술 마시고 담배 피우는 아이가 있다는 것을 알게 되었는데 어떻게 하면 좋을까요?

술 마시거나 담배 피우는 것은 일탈과 반항의 표시이기도 하지만, 자신이 어른이 된 것처럼 보이기 위해, 또래 집단에서 영웅심이 발동되어서 하는 경우도 많습니다. 이러한 아이들의 심리를 이해하면서 술 마시고 담배 피우는 아이가 있다면 따로 불러서 상담을 진행해야 합니다. 무조건적으로 나무라면 일탈과 반항이 더 강해질 수 있기 때문에 조심해야 합니다. 영웅심이 발동되어서 술, 담배를 하는 아이는 그 동기를 이해해 주고 술, 담배가 아닌 다른 것으로도 멋진 모습을 보일 수 있음을 알려 주어야 합니다.

그리고 술, 담배를 하는 아이들 대부분은 혼자 하기보다 또래 집단에서 같이 하기에 아이들이 어울리는 친구들이 어떤 아이들인지 대화를 시도하면서 파악할 필요가 있습니다. 그리고 교사와 정기적으로 만나 식사를 하면서 긍정적인 영향을 받도록 해야 합니다.

교사와 관계성이 형성된 아이라면 좀 더 자극적인 방법을 사용해도 괜찮습니다. 물론 교사와 관계성이 제대로 형성되기 전에는 이 방법을 사용하면 역효과가 나기 때문에 친해진 후 사용해야 합니다. 그 방법은 영상 세대인 아이들에게 술, 담

어쩌다 교사

배가 몸에 얼마나 나쁜지를 실감 나게 보여 주는 유튜브 영상을 보내 주어 보게끔 유도하는 것입니다. 이 영상을 보면서 아이가 깨달을 수 있습니다. 그리고 아이와 만나서는 "너의 몸은 소중하니까, 너의 존재는 중요하니까, 너는 아직 어리고 멋진 미래가 있으니까 술, 담배는 하지 말라"고 말해 주어야 합니다. 이러한 말은 아이 입장에서는 자신을 존중하는 말로 들릴 수 있고, 자신이 교사로부터 사랑받는 아이임을 인식하게 하는 계기가 됩니다.

(11) 게임, 웹툰에 빠진 아이를 어떻게 교육해야 하나요?

요즘 아이들이 스마트폰으로 많이 하는 것은 게임이고, 많이 보는 것은 웹툰입니다. 중독 증세를 보이는 아이들도 많이 있습니다. 많은 교사와 부모가 이 문제를 어떻게 해결할지에 대해 고민하고 있습니다. 심리학적이고 교육학적인 대처 방법들이 나오기는 하지만, 실제 아이들에게 적용했을 때 별 효과를 보지 못하는 경우가 대부분입니다.

저는 아이들이 게임과 웹툰에 왜 빠지는지에 대해서 주목해 보아야 한다고 생각합니다. 중독 단계까지 들어가면 하기 싫어도 선택하게 되는 현상이 나타나지만, 보통은 재미있기 때문에 하는 것입니다. 아이들이 하는 게임을 한번 해 보세요. 아이들이 보는 웹툰을 한번 보세요. 한마디로, 재미있습니다. 재미있으니까 빠지는 것입니다. 이것이 재미있으니까 다른 것이 눈에 들어오지 않는 것입니다. 돌려 이야기하면, 요즘 아이들에게 게임이나 웹툰만큼 재미를 주는 요소가 없다는 말입니다.

사실 요즘 우리 아이들의 삶을 보면 재미를 주는 요소를 찾기가 쉽지 않습니다. 학교 가서 공부해야지, 학원 가서 공부해야지, 대학 입시 때문에 읽기 싫은 책을 읽어야 합니다. 그렇기 때문에 아이 입장에서는 재미없는 삶입니다. 이러한 상황 가운데서 게임과 웹툰은 아이의 삶에 재미를 불어넣어 주는, 스트레스를 해소시켜 주는, 힘든 현실을 잊게 해 주는 중요한 도구가 되는 것입니다. 따라서 게임, 웹툰에 빠진 아이를 교육하는 궁극적인 방법은 게임, 웹툰을 하지 말라고 강요하는 것이 아니라, 게임, 웹툰 외에 또 다른 재미있는 일을 찾아 주고 제공해 주는 것입니다.

교회교육에서 아이들에게 재미를 주는 좋은 방법은 바로 온라인 게임이 아닌 몸을 움직이는 게임입니다. 몸을 움직이는 게임은 건전한 놀이이기도 하며, 협동심을 길러 주는 활동이기도 하고, 의미를 찾는 교육이기도 합니다.

예를 들어, 예전에 "가족오락관"이라는 텔레비전 프로그램에서 했던 "몸으로 말해요" 같은 게임을 하는 것입니다. 이 게임은 팀별로 진행됩니다. 구체적인 방법은 팀원들이 나와서 뒤돌아 있고 간격을 두어 서게 합니다. 사회자는 팀장에게 주제어를 제시하고, 팀장부터 시작해서 그 주제어를 그다음 사람에게 말이 아닌 몸으로 표현합니다. 그러면 팀원 한 명, 한 명 지나가면서 몸으로 표현한 행동이 이상하게 바뀌게 됩니다. 제시어가 '야구'라면, 처음에는 야구하는 몸짓을 보이다가 마지막에는 골프하는 몸짓으로 바뀌어 버립니다.

이 게임은 하는 사람도 재미있고 보는 사람도 재미있습니다. 이 게임을 통해 즐거움을 경험하고 협동심도 배우게 됩니다.

더 나아가 교사가 게임 후에 "이 게임을 통해 우리는 상대방이 어떤 메시지를 전하려고 하는지 경청하는 자세가 중요하다는 점을 깨달을 수 있어" 하고 게임에 의미를 부여하면 교육으로 이어질 수 있습니다. 이처럼 교사는 게임에 기독교적인 의미를 부여해 주는 역할을 해야 합니다. 게임에 기독교적인 의미를 부여하면 단지 게임에서 끝나는 것이 아니라 중요한 기독교 교육적 활동이 되는 것입니다.

이처럼 몸을 움직이는 게임을 교회에서 많이 개발해서 수시로 할 수 있으면 좋겠습니다. 아이들에게 자신의 삶에 재미를 주는 다른 요소가 생기면 게임하는 횟수, 웹툰 보는 시간이 점차 줄어들게 되어 있습니다.

(12) 교회에서 이성 교제를 열심히 하는 아이에게 뭐라고 조언할 수 있을까요?

요즘 우리 아이들 중에는 교회에서 자연스럽게 이성 교제를 하는 경우가 종종 있습니다. 예전에는 몰래 교제했는데, 요즘은 숨기지 않고 자연스럽게 밝힙니다. 물론 숨기는 것보다는 자연스럽게 밝히고 이성 교제를 하는 것이 더 낫지만, 아이들은 미성년자이기 때문에 여러 가지 염려가 되는 것이 사실입니다. 어른 성도들은 아이들에게 이성 교제는 시기상조라고 생각하고, 부모 입장에서는 아이의 공부에 방해가 될 수도 있어 걱정되고, 교사와 목회자의 입장에서는 교회에서 이성 교제를 하다가 헤어지면 둘 다 교회를 떠날 수 있다는 염려가 있습니다.

이성 교제를 열심히 하는 아이들에게 필요한 조언은 이성 교제에 대한 우려와 걱정, 염려를 말하는 것이 아니라, 이성 교제뿐만 아니라 다른 친구들과의 관계도 소중히 여기고 신경 쓰라고 말하는 것입니다. 이른 나이에 이성 교제를 열심히 하다 보면 친구 관계가 협소해집니다. 대부분의 시간을 이성 친구와 함께하기에 동성 친구가 적어지고 그들과 거리감이 생깁니다. 청소년 시기에는 친구들과 두루두루 친하게 지내면서 관계성을 쌓는 훈련을 하는 것이 중요합니다. 교회 안에서는 이성 친구와 계속 같이 있기보다 다른 친구들, 선후배와 어울리면 좋겠다는 조언을 해 주어야 합니다.

그리고 부모를 비롯한 어른 세대가 우려하는 부분이 애정 표현을 비롯한 스킨십 문제입니다. 이 부분에 대해서는 아이들의 입장에서는 꼰대 같아 보일 수 있지만, 최대한 보수적으로 접근해야 합니다. 학생 시절에는 스킨십을 최대한 안 하는 것이 좋고, 그것이 상대방을 보호하는 사랑과 배려라는 점을 강조해서 교육해야 합니다. 물론 이성 교제를 하는 아이들에게는 잔소리로 들릴 수 있지만, 결국 중요한 때에는 교사가 한 말이 생각나게 되어 있습니다.

그리고 어른 세대는 아이들에게 신뢰의 언어, 믿음의 언어를 자주 들려 줄 필요가 있습니다. "선생님은 너 믿는다", "선생님은 네가 스스로 책임질 행동을 할 거라 믿는다", "선생님은 네가 지혜롭게 판단해서 행동하는 사람이라고 믿는다" 등 신뢰의 언어, 믿음의 언어가 아이에게는 중요한 순간 자신을 보호하고 상대방을 보호하는 힘으로 작용합니다.

(13) 교회에 모태신앙인 아이들이 많은데, 그중에 신앙적으로 방황하거나 믿음에 대해서 의심하는 아이들이 꽤 있습니다. 어떻게 해야 할까요?

모태신앙인 아이들은 우스갯소리로 "못해, 못해" 하면서도 교회에서 하라는 것은 다 하는 아이들입니다. 본인이 원하지 않아도 부모의 영향 때문에 예배에 빠지지 않고 출석하고 교회 봉사도 하지만, 신앙에 대한 뜨거움과 열정은 다소 약합니다. 모태신앙인 아이들의 신앙의 과제는 부모의 신앙 때문에 교회에 나오는 것이 아니라, 하나님을 인격적으로 만나고 자기 자신의 주체성을 가진 신앙생활을 하는 것입니다.

장 피아제(Jean Piaget)의 '지적발달이론'에 따르면, 청소년기의 아이들은 '형식적 조작기' 시기에 있습니다. 이때 중요한 특징이 바로 의심을 하는 것입니다. 한마디로, 물음표를 던지는 지적 발달의 시기인 것입니다. 부모의 말을 고분고분 들어 왔던 아이들이 '부모의 말이 사실일까? 꼭 들어야만 하는가?'라는 물음표를 던지기 시작합니다. 지금까지 무조건적으로 수용해 왔던 것이 진짜 사실일까에 대해 의심하기 시작합니다.

그런데 이 의심은 교육학적으로 보았을 때는 긍정적입니다. 의심도 긍정적인 의심이 있고, 부정적인 의심이 있습니다. 부정적인 의심은 지금까지 주입해 왔던 것, 배워 왔던 것을 버리려는 의도를 가진 의심입니다. 이것은 성경에서 금지하고 있는 의심입니다. 그러나 긍정적인 의심은 진리를 발견하고 확인하기 위한 과정으로서의 의심입니다. 그렇기 때문에 이 의심을 통해서 진리로 나아갈 수 있는 것입니다.

모태신앙인 아이들은 청소년기가 되면 기존에 들어 왔던, 배워 왔던, 주입되어 왔던 신앙에 대해서 물음표를 던집니다. 그것은 이제는 부모로부터 들어 왔던 하나님이 아니라, 내가 직접 하나님을 찾고 만나고 경험하고 싶다는 표현입니다. 우리 아이들은 청소년 시기가 되면 반항적인 기질이 나와서 삐딱하게 표현하는 경향이 있습니다. 신앙적인 부분에 있어서도 그렇습니다. 그러나 그것은 신앙에 대해 더욱 관심을 가지고 싶다는 반증의 표현인 것입니다.

이제부터 의심하는 아이가 있으면 "그냥 믿어. 의심하지 말고 믿어. 너 의심이 생겼으니 더 기도해야겠다. 너 지금 시험에 든 거야" 등 잘못된 답변을 하지 말고 이렇게 말해 주세요. "이제 네가 하나님에 대해 더 큰 관심을 가지게 되었구나. 너의 하나님을 찾기를 원하는구나." 그러면서 차분하게 교사 자신이 만난 하나님에 대해서 이야기해 주고, 복음에 대해 설명해 주고, 성경에 대해 알려 주어야 합니다. 그리고 신앙에 대해 아이가 궁금해하는 내용을 차분하게 듣고 친절하게 설명해 주어야 합니다. 우리 아이들은 친절하게 설명하면 듣는다는 사실을 꼭 기억하세요.

(14) 교회에서는 신앙생활을 잘하고 교회 봉사도 도맡아서 열심히 하는 신실한 아이인데, 공부를 안 해서 성적이 떨어진다는 이유로 부모가 아이를 교회에 안 보내려고 합니다. 어떻게 해야 할까요?

이러한 상황에서 제일 좋은 방법은 당연히 아이가 공부할 수 있도록 인도하는 것입니다. 그냥 공부하라고 하면 학원 선생님과 다를 바가 없고, 공부하라고 잔소리한다고 쉽게 공부하는 아이가 아니기에 신앙적인 측면에서 공부해야 하는 동기

어쩌다 교사

를 발견할 수 있도록 인도해야 합니다.

교회에서 많이 쓰는 용어 중에 '소명', '비전', '사명', '꿈'이 있습니다. 제가 정의하는 '소명'은 생명을 살리기 위한 부르심입니다. 하나님이 예수 그리스도를 통하여 우리를 죄 가운데서 불러내어 하나님의 자녀로 인도하시는 그 부르심입니다. 그리고 '비전'은 인생의 본질적인 목적으로, 성경에서 말하는 우리 인생의 본질적인 목적은 바로 하나님을 기쁘시게 하는 것입니다. '사명'은 하나님을 기쁘시게 하기 위한 구체적인 삶의 실천입니다. 이러한 사명에는 지금 현재 하나님을 기쁘시게 하는 삶을 사는 일상의 사명이 있고, 미래에 하나님을 기쁘시게 하는 미래의 사명이 있습니다. 미래의 사명이 곧 '꿈'입니다.

이 내용을 아이에게 차분하게 설명해 줍니다. 그리고 공부는 미래의 사명, 곧 꿈을 위해 필요한 것이고, 그 꿈은 나를 위한 것이 아니라 하나님을 기쁘시게 하는 것이라는 사실을 알려 주어야 합니다. '하나님을 기쁘시게 하는 삶을 살기 위한 준비 과정으로 지금 맡겨진 공부에 최선을 다하는 것'이라는 깨달음을 줄 때 아이는 공부를 왜 해야 하는지, 공부에 대한 동기를 깨닫게 될 것입니다.

그리고 교회 차원에서는 교회 청년들 중에 공부를 잘하는 대학생을 아이의 멘토로 연결해 주어서 공부하는 데 있어 실제적인 도움을 주면 좋습니다. 요즘 고등학교 3학년을 마치고 청년부로 올라오는 아이들의 비율이 너무 낮습니다. 그래서 교회 통계 자료를 보면, 교회에서 제일 많이 이탈한 연령대가 바로 20대입니다. 고등학교를 졸업한 후 청년부에 출석하지 않고 교회를 떠나기 때문에 나타나는 현상입니다. 그렇기 때문에 청년부와 청소년부를 연계하는 기독교 교육적 방안과 프로그램이 필요합니다. 교회 청년부 형, 누나, 언니, 오빠가 청소년들의 멘토가 되어서 학업을 지도해 주고 신앙의 도우미 역할을 해 주면 아이들은 고등부 시기를 마치고 자연스럽게 청년부로 올라가 신앙을 잘 이어 가게 될 것입니다.

(15) 비신자 부모를 둔 아이가 반에 있는데, 아이의 부모에게는 연락하기도 힘들고 교회 행사를 할 때 협조를 구하기도 힘듭니다. 어떻게 하면 좋을까요?

제가 생각하는 좋은 방법은 바로 '손 편지 쓰기'입니다. 요즘은 손 편지가 상당히 그리운 시대입니다. 손 편지의 감동을 아는 어른들은 손 편지를 받고 싶어 합니다. 따라서 교사가 조금 더 시간을 내고 노력해서 아이들의 부모에게 손 편지를 쓸 것을 권합니다. 손 편지에 적을 내용은 자녀의 교회 생활에 대한 긍정적인 평가와 공지 사항, 행사 안내 등입니다.

학교에서는 정기적으로 학생 생활과 활동에 대한 평가서를 가정으로 보냅니다. 그런데 교회는 보내지 않습니다. 교회도 보내야 합니다. 물론 잘못한 점을 써서 보내는 것이 아니라, 잘한 점을 써서 보내는 것입니다. 아이가 예배드릴 때 잘한 점, 공과 공부에 참여할 때 잘한 점, 반 친구들과 어울릴 때 잘한 점 등을 극대화해서 기술해야 합니다. 그리고 편지의 마지막 부분에는 공지 사항과 행사 안내를 알리면 좋습니다. 예를 들면 이렇습니다.

"안녕하세요. 저는 ○○○의 교회학교 교사 △△△입니다. 매주

○○○를 저희 교회에 보내 주셔서 진심으로 감사를 드립니다. ○○○는 참으로 성실하고 진실한 아이입니다. 부모님이 아이를 정말 반듯하게, 아름답게 키우셨습니다. ○○○는 예배 시간에 맨 앞자리에 앉습니다. 앞자리에 앉아서 성실하게 예배를 드리고, 전도사님의 말씀도 집중해서 잘 듣습니다. 예배 순서, 순서마다 집중해서 참여하는 모습도 참으로 아름답습니다. 이뿐만이 아니라 예배 후에 공과 공부 시간에는 손을 들고 질문을 잘하는, 탐구심이 많은 모범적인 아이입니다. 같은 반 친구들과도 잘 어울리며, 항상 웃는 얼굴로 친구들을 대하며, 먼저 솔선수범해서 봉사를 하는 반듯한 아이입니다. 이런 귀한 아이를 저희 교회에 보내 주셔서 다시 한 번 감사드립니다. 저희들은 책임감을 가지고 더 최선을 다해 아이의 신앙 교육, 윤리 교육, 성품 교육에 힘을 쏟도록 하겠습니다. 감사드립니다.

공지 사항을 알려 드리면 저희 부서는 다음 주에 친구 초청 잔치를 계획하고 있습니다. 새로운 친구들이 교회에 와서 같이 예배 드리고, 맛있는 음식도 같이 먹는 시간을 가질 것입니다. 그리고 이번 달 마지막 주에는 봄 소풍이 있습니다. 봄 소풍 장소는 ☆☆ 공원입니다. 예배 마치고 바로 진행하며, 아이들은 게임에 참여해서 선물을 받는 시간을 가질 것입니다.

항상 귀 가정에 하나님의 은혜와 평안과 기쁨이 넘치기를 간절히 소망하고 기도합니다. 언제든지 궁금한 사항 있으시면 제 연락처, 카카오톡, 이메일로 연락 주시기 바랍니다. 감사합니다.

'보라 자식들은 여호와의 기업이요 태의 열매는 그의 상급이로다'(시 127:3)."

이렇게 아이의 긍정적인 부분을 발견해서 정기적으로 손 편지를 써서 부모에게 보내면 정말 큰 감동을 받을 것입니다. 사람은 감동을 받으면 긍정적으로 변화하게 되어 있습니다. 감동을 받은 부모는 교회 행사에 적극적으로 참여하게 될 것이고, 아이를 교회에 더 잘 보낼 것입니다.

이뿐만 아니라 여름 수련회나 겨울 수련회와 같은 행사 참가 신청서를 작성할 때도 손 편지로 쓰면 감동을 줄 수 있습니다. 보통의 참가 신청서는 요약형으로, 내용을 알려 주고 정보를 전달합니다. 그래서 참가 신청서를 보고 감동을 받는 사람은 아무도 없을 것입니다. 그런데 참가 신청서를 손 편지로 쓰면 감동을 줍니다. 손 편지를 쓴 정성에 감동을 합니다. 예를 들면 다음과 같습니다.

"안녕하세요. 저는 ○○○의 교회학교 교사 △△△입니다. 벌써 날씨가 더워지고 있습니다. 환절기에 건강에 유의하시기 바랍니다. 이제 조금 있으면 여름 수련회가 진행됩니다. 그래서 부모님께 먼저 알려 드립니다. 이번에 저희 중등부 여름 수련회의 주제는 '행복한 청소년'입니다. 여름 수련회 장소는 경기도 가평의 ☆☆수련원입니다. 일시는 ○월 ○일부터 ○일까지입니다.

○월 ○일 ○시에 교회에서 다 모여서 출발하고, ○시에 도착해서 ○시까지 점심 식사를 합니다. 그리고 ○시부터 ○시까지 개회 예배를 드리고 오리엔테이션 시간을 가집니다. ○시부터 ○시까지 레크리에이션을 진행하고, ○시부터 ○시까지 저녁 식사를 합니다. 그리고 ○시부터 ○시까지 저녁 예배를 드리고, ○시부터 ○시까지 조별 활동 시간을 가지고 잠자리에 듭니다. 다음 날

에는 ○시부터 ○시까지 … 마지막 날에는 ○시부터 ○시까지 …
이렇게 해서 수련회를 마치게 됩니다.

회비는 2만 원이고요, ○일까지 회비를 학생 편에 보내 주시고
참가 신청해 주시면 됩니다. 이번 수련회도 의미 있고 재미있고
유익할 수 있도록 최선을 다해 준비하겠습니다. 저희들을 믿고
아이를 수련회에 보내 주시면 감사드리겠습니다. 귀 가정에 하나
님의 은혜와 평강과 소망이 충만하기를 소망하고 기도합니다."

손 편지는 감동을 주어 사람을 변화시킨다는 사실을 기억하
고 당장 실천해 보기를 바랍니다.

(16) 꿈이 없다고 말하고 미래에 하고 싶은 일이 없다는 아이에게 어떤 조언을 해 줄 수 있을까요?

앞서 말했듯이 '꿈'은 '미래의 사명'입니다. 미래에 하나님을
기쁘시게 하기 위한 삶의 실천이 꿈입니다. 그리고 그 꿈을
이루기 위한 도구가 바로 '직업'입니다. 교사는 꿈이 없다고
말하는 아이들에게 하나님을 기쁘시게 하는 꿈의 내용이 무
엇인지 차근차근 설명해 주어야 합니다.

하나님을 기쁘시게 하는 꿈의 내용은 선한 영향력을 발휘
해서 육체의 생명, 정신의 생명, 영의 생명을 살리는 것입니
다. 몸이 아파서 힘들어하는 사람의 육체의 생명을 살리는 꿈
을 꿔야 합니다. 먹을 것이 없어 죽어 가는 아프리카에 사는
아이들의 생명을 살리는 꿈을 꿔야 합니다. 그리고 요즘 우
리 사회에는 정신적으로 죽어 가는 사람들이 많습니다. 우울
증 때문에 힘들어하는 사람들이 많습니다. 그래서 정신적으

로 힘들어하는 사람들의 친구가 되어 주고, 그들의 이야기를 들어 주고 위로해 주는 정신의 생명을 살리는 꿈을 꿔야 합니다. 그리고 궁극적으로 예수님을 모르는 자들에게 예수님의 복음을 전해서 영의 생명을 살리는 꿈을 꿔야 합니다.

이렇듯 우리가 꿔야 하는 꿈은 우리가 돈을 많이 벌어서 우리만 잘 먹고 잘 사는 개인적인 꿈이 아니라, 선한 영향력을 발휘해서 육체의, 정신의, 영의 생명을 살리는 하나님의 꿈이어야 한다는 점을 아이들에게 설명해 주세요. 따라서 아이가 어느 대상에게 영향력을 베풀고 싶은지를 찾는 것이 중요합니다. 이 대상을 찾는 일은 거창할 필요 없이, 다음의 질문들을 던지고 끊임없이 생각하고 고민하게 하면 됩니다. "첫째, 어떤 대상을 만나고 함께하면 나는 즐거운가? 둘째, 어떤 대상을 만나면 대화가 잘되는가? 셋째, 어떤 대상을 만나면 돕고 싶은 긍휼한 마음이 드는가?"

더 나아가 이 시대에 각 분야에서 열심히 준비해서 전문성을 가지고, 선한 영향력을 발휘하며, 하나님을 기쁘시게 하는 생명을 살리는 꿈을 실천하며 살아가고 있는 인물들을 책과 영상을 통해 소개해 주면 좋습니다. 요즘은 유튜브 시대이기 때문에 유튜브에 '간증'이라고 검색하면 유익한 자료를 얻을 수 있습니다. 직업 영역별로 검색해도 분류되어 나옵니다. 이 간증 영상들을 보며 꿈이 없었던 아이가 도전을 받고 꿈을 가지게 될 수 있습니다.

어쩌다 교사

(17) 제가 담당하고 있는 아이들 중에 신학대학교에 진학하고 싶다는 아이가 있는데, 이 아이를 위해 어떤 이야기를 해 주면 좋을까요?

청소년 수련회를 마치면 신학대학교에 가겠다고 결심하는 아이들이 나옵니다. 물론 대부분의 교단은 신학대학교 학부를 졸업한다고 목회자가 되는 것이 아니라, 신학대학원을 졸업해야 하기에 선택의 순간이 또 있습니다. 신학대학교에 가서 목회자가 되겠다는 꿈을 가진 아이는 하나님이 목회자로 부르셨는지 등 부르심에 대한 확신이 있어야 합니다. 목회자는 직업으로 선택하는 것이 아니라, 하나님의 부르심에 의해 따라가는 것입니다. 그래서 수련회 때 은혜를 받았다고 다 목회자가 되어야 하는 것이 아닙니다. 오히려 하나님의 은혜를 받고 신실하게 준비된 많은 자가 세상으로 가서 그 안에서 빛과 소금으로 살아가며 세상을 하나님이 기뻐하시는 모습으로 변화시켜야 합니다.

신학대학교에 진학해서 목회자가 되겠다는 아이는 교사가 따로 시간을 두고 상담할 필요가 있습니다. 목회자가 되기로 결심한 동기가 어떻게 되는지, 하나님이 주신 마음이 어떤 것인지, 왜 목회자가 되고 싶은지, 어떤 목회자가 되고 싶은지 등을 계속적으로 점검해야 합니다.

지금은 목회자가 많은 시대입니다. 그래서 목회자가 많이 세워지는 것보다 좋은 목회자, 바른 목회자가 세워지는 것이 중요합니다. 교회학교에서 목회자가 되겠다고 결심한 아이는 교사가 특별히 살피면서 코치할 필요가 있습니다.

(18) 교회학교 우리 반 아이들은 공과 공부 시간에 시도 때도 없이 밖에 나가서 회식하자고 노래를 불러서 힘듭니다. 회식은 어느 때 하면 좋을까요?

아이들의 입장에서는 회식을 자주 하는 선생님을 좋아할 것입니다. 먹을 것을 사 주는 선생님을 누가 싫어하겠습니까. 그런데 회식을 너무 자주 하면 교사는 돈을 많이 써야 해서 힘들고, 공과 공부 진도를 나가지 못하니 교육의 흐름이 자꾸 끊기고, 아이들은 회식이 습관이 되어서 툭하면 회식하자고 하고 점점 더 비싼 음식 메뉴를 요구하게 됩니다.

회식을 어느 때 하면 좋을지 생각해 보면, 많은 교사가 이벤트 때 하면 좋을 것이라고 말합니다. 반 아이들 중에 생일 맞은 친구가 있을 때 주로 회식을 할 것입니다. 아니면 새 친구가 왔을 때, 혹은 우리 반 아이 중에 세례나 입교를 받는 아이가 있을 때 축하해 주기 위해 회식을 할 것입니다. 그런데 저는 회식과 교육을 연결시키면 좋다고 생각합니다. 교육에 열심히 참여한 보상으로 회식을 제공하는 것입니다. 물론 보상이 배움의 유일한 동기가 되기 때문에 부작용이 있을 수 있으나, 이는 종종 배움에 열정을 심어 줄 수 있고 공과 공부 분위기에 도움이 될 수 있습니다.

교육 방법 중에 '집단 탐구법'이 있습니다. 이 방법은 반 전체 아이들이 함께 탐구하면서 혼자서는 해결하기 어려운 문제의 답을 찾아내는 방법입니다. 예를 들어, 성경에 기록된 어려운 단어를 하나 주고 이것이 성경의 어느 구절에 나오는지 맞히게 하는 것입니다. '브니엘'이라는 단어가 성경 어디에 나오고 뜻이 무엇인지 맞혀 보라고 할 수 있습니다. 혼자서 이 답을

어쩌다 교사

맞히기는 힘듭니다. 그래서 반 아이들이 이 답을 맞히기 위해 서로 상의하며 성경을 함께 찾게 되는 것입니다. 이러한 탐구 과정 중에 아이들은 배움에 대한 열정을 가질 수 있고, 좋은 수업 분위기가 형성될 수 있고, 도전 정신이 생겨날 수 있습니다. 그리고 답을 맞히면 회식하러 가는 것입니다.

'누적'을 통한 평가에 의해 회식을 결정할 수도 있습니다. 예를 들어, 우리 반 아이들 모두가 성경 한 구절씩 외워야 하는 매주 과제를 한 달 동안 다 한다면 회식할 수 있습니다. 교사가 매주 확인했다가 한 달 지나면 최종 평가를 해서 회식을 결정하면 됩니다. 이것은 아이들이 교회에 매주 출석하게 하는 효과도 있기에 추천합니다.

참고로, 회식의 메뉴는 학생들이 정하게 하면 좋습니다. 좋은 교사는 본질은 정확하게, 비본질은 아이들에게 맞춰 주는 교사입니다. 예배, 복음, 성경에 관한 교육은 본질입니다. 본질은 정확하게 알려 주어야 합니다. 정확하게 알려 준다는 것은 엄격함이 들어가 있음을 의미합니다. 그러나 본질을 정확하게, 엄격하게 알려 주면 아이들이 답답하게 느낄 수 있고, 교사를 친근하지 않고 거리감 있게 느낄 수 있습니다. 그래서 비본질은 아이들에게 맞추어야 합니다. 회식 메뉴를 정하는 것은 비본질입니다. 반별 찬양 대회에 나갈 때 어떤 악기를 사용할 것인지는 비본질입니다. 이러한 비본질은 아이들에게 맡겨서 아이들이 서로 이야기를 나눠 결정하고 선택하게 해야 합니다. 이런 교육을 시행하는 교사를 아이들은 존경합니다. 교사를 신뢰하고 좋아하게 됩니다.

(19) 집에 가서 가정 예배를 드리라고 가정 예배 순서를 안내하고, 가정 예배 본문을 수록하고 내용을 설명한 유인물을 매주 나눠 주는데 정작 집에서 가정 예배를 드리는 아이들이 없습니다. 어떻게 하면 좋을까요?

어떻게 하면 가정 예배를 실천할 수 있을까요? 저는 가정 예배를 드릴 때 본문은 어떤 것을 사용하고, 부모는 어떤 말을 해야 할까를 이야기하지 않고, 아이에게 눈높이를 맞추라고 말합니다. 가정 예배가 잘 이루어지지 않는 이유는 가족 구성원이 바빠서 모이기 힘들어서일 수도 있지만, 가장 큰 이유는 아이들이 재미없어하기 때문입니다.

보수적인 신앙을 가진 가정은 아빠 주도로 가정 예배를 드립니다. 그러나 형식화되어 있고 분위기가 좋지 않습니다. 아이들은 이렇게 말합니다. "가정 예배는 하나님의 이름으로 잔소리 듣는 시간이에요. '하나님이 부모에게 순종하라고 하셨으니 자녀들인 너희들은 부모에게 순종해라. 오늘 부모에게 잘못한 일이 있는지 생각해 보고 기도해라.' 이런 이야기를 들으니까 가정 예배에 참여하기가 싫어요."

가정 예배는 하나님께 드리는 예배이고, 예배를 받으시는 하나님께 맞추는 것이 당연합니다. 하지만 교회에서 드리는 공예배 순서와 형식에 얽매일 필요는 없습니다. 성경을 보면, 기도가 예배이고, 찬양이 예배입니다. 그렇기에 예배의 한 요소, 순서를 가져와서 가정 예배를 진행하면 됩니다. 다만, 아이들이 기쁘게 참여해야 하기에 아이들에게 눈높이를 맞추는 원칙이 있어야 합니다. 첫 번째 원칙은 '친절하게', 두 번째 원칙은 '짧게', 세 번째 원칙은 '다양성 있게', 네 번째 원칙은 '흥미롭게'입니다.

가정 예배 시간은 하루를 마무리하며 가족들이 기분 좋게 한 자리에 모여 예배드리는 시간입니다. 따라서 가정 예배를 드릴 때는 아이들을 친절하게 대하면서, 친절하게 말하면서 기분 좋은 분위기를 조성해야 합니다. 어른들도 그렇지만 아이들은 더더욱 친절하게 말하는 사람의 말을 듣고, 친절하게 대하는 사람과 함께하고 싶어 합니다.

가정 예배 시간은 짧아야 합니다. 10-15분이면 충분합니다. 아이들은 아무리 좋은 것도 길면 의미 없게 받아들입니다. 가정 예배는 한 달에 한 번 길게 하는 이벤트가 되어서는 안 됩니다. 10-15분이어도 꾸준하게 매일 하는 것이 중요합니다.

가정 예배 내용은 다양성 있게 구성해야 합니다. 주일에는 주제를 정하고 주제에 맞는 짧고 감동 있는 유튜브 기독교 영상을 찾아서 보고, 월요일에는 우리 가족의 기도 제목을 나누며 기도하고, 화요일에는 우리 가족이 좋아하는 찬양을 정해서 부르고, 수요일에는 중요한 성경 구절 한두 개를 묵상하고 짧게 나누고 암송하고, 목요일에는 예수님께 드리는 짧은 감사 편지를 쓰고, 금요일에는 학교, 직장, 교회, 국가, 선교지, 세계 등 영역을 나눠서 중보 기도 하고, 토요일에는 성경 한 장을 같이 읽으면 됩니다. 이처럼 다양한 내용을 가지고 가정 예배를 드리면 아이들이 적극적으로 참여하게 됩니다.

가정 예배는 흥미로워야 합니다. 예를 들어, 가정 예배 시간에 각자 스마트폰을 가지고 기독교 신자 비율 1퍼센트 미만인 국가를 찾는 미션을 수행하면서 중보 기도를 합니다. 이는 가정 예배에 흥미의 요소를 넣은 것입니다. 유튜브 영상을 보는 것도 마찬가지입니다.

교사는 이러한 가정 예배의 원칙과 내용을 아이들의 부모들에게 알려 주는 교육을 시행해야 합니다. 그리고 부모와 교사가 함께하는 단톡방을 만들어 앞서 제시한 요일별 가정 예배 내용에 대한 간략한 예시를 매주 제공해 주면 좋습니다. 또한 가정별로 가정 예배를 어떻게 드리고 있는지 서로 나누게 하면 효과가 좋습니다.

(20) 코로나19 시대에 교회학교 사역을 어떻게 하면 좋을지 노하우를 알려 주세요.

코로나19 기간이 계속되고 있는데, 다행히 온라인 플랫폼의 발달과 보급으로 인해서 현장에서 했던 사역을 모두 온라인에서 할 수 있게 되었습니다. 그래서 코로나19 기간에, 그리고 앞으로 교회학교 사역을 전문적으로 잘하기 위한 전제는 온라인(디지털)과 오프라인(현장, 아날로그)을 긴밀하게 연결하고 균형 있게 활용하는 것입니다. 온라인이 필요할 때는 온라인, 오프라인이 필요할 때는 오프라인, 온라인과 오프라인이 동시에 필요할 때는 함께하는 '올라인'(All-line)으로 진행하면서 신앙 교육과 모임이 끊어지지 않도록 하는 것이 중요합니다.

어떤 교회는 오프라인이 가능할 때만 나와서 공과 공부를 진행하고, 오프라인이 힘들 때는 온라인으로 예배만 드립니다. 신앙 교육에 있어서 중요한 점은 일관성과 지속성입니다. 오프라인과 온라인을 통해 교육이 끊어지지 않도록 해야 합니다.

그리고 중요하게 확인해야 할 점이 있습니다. 그것은 교회가 가지고 있는 가장 큰 노하우가 바로 오프라인(현장)이라는 것

어쩌다 교사

입니다. 세상과 비교해 볼 때, 교회가 문화를 선도하고 있는 분야는 바로 오프라인 분야입니다. 함께 모여서 게임을 하고, 레크리에이션을 하고, 공동체 프로그램을 하는 데 있어서 가장 큰 노하우와 강점을 가지고 있는 곳이 바로 교회학교입니다. 따라서 교회학교는 이러한 오프라인 프로그램의 노하우를 계속 개발하고, 방역 수칙을 잘 지키는 가운데 소그룹 형태로 진행해야 합니다.

인간은 과학 기술 문명이 아무리 발달해도, 온라인 시대가 계속 발전해도 인간다움을 갈망하고 따뜻한 인간미를 추구하는 레트로(retro) 문화의 경향성을 가지고 있습니다. 요즘 젊은 세대가 LP판을 수집하고, 예능 프로그램에 옛날에 유명했던 가수들이 다시 나와서 인기를 얻는 것, 최첨단 영상 시대에 여전히 라디오 청취율이 높은 것, 고급 차 안에는 디지털시계가 아닌 아날로그시계가 있는 것 등이 레트로 문화를 보여 줍니다.

그래서 온라인 시대에도 여전히 오프라인은 필요하고, 오프라인의 감성과 향수가 우리 아이들 안에도 있다는 것을 인지하면서, 교회는 세상 그 어느 공동체보다도 잘할 수 있는 오프라인 프로그램과 모임에 대한 노하우를 계속 개발하고 발전시키고 보급해야 합니다.

코로나19 시대에, 그리고 앞으로 교회학교 사역을 잘하기 위해 필요한 몇 가지 키워드를 제시하겠습니다.

첫 번째 키워드는 '참여'입니다. 현장 모임이 줄어들면서 아이들의 참여가 줄어들었습니다. 그러면서 아이들은 수동형이 되었고, 교회에 대한 애정이 식기 시작했습니다. 그렇기 때문에 이제는 아이들이 열심히 참여하면서 주인의식을 가질 수 있도록 사역의 방향을 전환해야 합니다. 예배 순서(사회, 대표 기도, 성경 봉독, 헌금 특송, 헌금 기도 등)에 아이들을 참여시키고, 교회학교 행사 및 프로그램 기획과 진행에 아이들이 주도적으로 참여하게 하고, 교회학교 운영 및 정책, 프로그램에 아이들의 아이디어가 반영되게 해야 합니다.

저는 청소년 목회를 할 때 교사 회의 시간에 학생 임원들이 들어오도록 했고, 그들의 아이디어를 실제 프로그램과 정책에 반영했습니다. 아이들이 낸 아이디어이기 때문에 그 아이디어로 만든 프로그램은 당연히 아이들이 좋아할 수밖에 없습니다. 아이들이 주도적으로 하니까 교사들은 아무것도 안 하는 것이 아닙니다. 교사들은 아이들이 주도적으로 잘할 수 있도록 옆에서 도와주고 지원해 주고 가르쳐 주는 역할을 합니다. 예를 들어, 예배 순서 때 아이가 사회나 대표 기도를 맡았으면 알아서 하게 내버려 두는 것이 아니라, 교사가 사회 멘트를 알려 주고, 아이가 작성한 대표 기도문을 확인하고 수정하는 등 대표 기도를 잘할 수 있도록 적극적으로 도와주는 것입니다.

이뿐만이 아니라 아이들이 예배를 드리며 설교를 능동적으로, 적극적으로 들을 수 있도록 설교를 참여형으로 진행할 수도 있습니다. 설교 시간에 설교자가 퀴즈를 내고, 퀴즈를 제일 먼저 맞히는 아이에게 오프라인의 경우는 그 자리에서 선물을 주거나, 온라인의 경우에는 곧바로 아이에게 기프티콘을 선물해 주는 것입니다. 그리고 수시로 아이들에게 칭찬이라는 선물을 주면서 아이들이 적극적으로 참여할 수 있도록

어쩌다 교사

동기 부여를 해야 합니다. 교회학교 교사는 아이들에게 무제한의 칭찬을 줌으로써 그들을 격려하고, 자신감을 얻게 하고, 적극적으로 참여할 수 있도록 도와주어야 합니다.

두 번째 키워드는 '소그룹'입니다. 지금은 코로나19로 인해 대규모로 다 함께 만나서 현장에서 무엇인가를 하기가 어려워졌고, 코로나19의 위협이 끝나도 코로나19 시대를 통해 형성된 트라우마 때문에 대규모로 만나는 것에 대한 부담이 있을 것입니다. 따라서 교회학교는 소그룹에 관심을 가지고 소그룹 역량을 개발해야 합니다. 교회학교 안에 소그룹을 다양화해서 아이들이 다양한 소그룹을 접할 수 있도록 기회를 마련해야 합니다. 공과 소그룹, 학년별 소그룹, 지역별 소그룹, 취미별 소그룹, 교회 안 봉사별 소그룹(예를 들어, 찬양팀, 찬양대, 영상팀 등)을 만들어서 아이들이 다양한 소그룹에서 활동할 수 있도록 도와주어야 합니다. 소그룹의 최대 구성 인원은 12명입니다.

수련회도 마찬가지입니다. 이제는 많은 숫자가 모이는 수련회가 힘들 것입니다. 따라서 소그룹 수련회 프로그램을 개발하고, 아이들의 눈높이에 맞춰서 시행해야 합니다. 소그룹 수련회 형태를 몇 가지 제시하면 첫째, 아이들의 내면의 이야기, 고민을 듣는 쌍방향적인 소통이 있는 상담형 수련회, 둘째, 미자립 교회와 그 교회가 있는 지역에 가서 봉사하는 봉사형 수련회, 셋째, 텐트를 치고 바비큐 파티를 하고 '불멍'을 하면서 이야기를 나누는 캠프형 힐링 수련회, 넷째, 주요 여행지를 함께 찾아다니는 여행 콘셉트형 수련회, 다섯째, 국내 성지들을 다니면서 사진을 찍거나 성지 조사를 하는 등의 미션을 수행하는 미션 수행형 수련회 등입니다.

세 번째 키워드는 '온라인 플랫폼을 활용한 부모 연계'입니다. 코로나19 기간에 부모의 역할이 커졌습니다. 부모가 가정의 신앙 교사가 되어야 하고 교사와 부모가 연계되어야 하는데, 이 목표를 위해서는 교사의 역할이 매우 중요합니다. 교사가 부모에게 신앙적인 영향을 주고, 부모와 교제하고, 부모를 교육해야 하는데 직접 만나서 하기에는 코로나19로 인해 어렵기도 하거니와 부모들이 부담스러워할 수 있습니다. 따라서 온라인 플랫폼을 활용해 부모와 연계하기 위한 노력을 해야 합니다.

부모와 아이들이 함께 있는 단톡방에 매주 '공과 공부 브리핑', '자녀와 함께하는 주중 미션', '이번 주 간략한 가정 예배 매뉴얼' 등을 보내는 노력을 해야 합니다. 그리고 페이스북 그룹을 통해서 부모와 교사가 신앙적인 교제, 삶의 교제를 나누어야 합니다. 페이스북 그룹은 문서 자료, 영상 자료를 올릴 수 있기에 신앙적인 교제, 삶의 교제를 나눌 수 있는 적절한 온라인 플랫폼입니다.

또한 아이들의 신앙에 가장 큰 영향을 미치는 존재가 어머니이기 때문에 줌을 통해서 온라인 어머니 기도회를 진행할 수 있습니다. 온라인 어머니 기도회 때는 자녀들을 위한 공통 기도 제목을 내어놓고 기도하거나, 서로 조금 더 친해지면 각자 자녀들의 기도 제목을 내어놓고 함께 기도하면 됩니다. 온라인 어머니 기도회는 매주 진행하거나 2-3주에 한 번 진행하면 됩니다.

네 번째 키워드는 '유튜브 활용'입니다. 코로나19 기간에 많

어쩌다 교사

은 교회학교가 영상을 찍고 편집하는 데 많은 에너지와 예산을 쓰고 있습니다. 그러나 유튜브를 보면 양질의 영상이 이미 차고 넘칩니다. 따라서 이제 교회학교 교사와 목회자의 역할은 영상 제작자(maker)가 아니라, 좋은 영상을 분별하고 분류하고 활용하는 영상 관리자(organizer)가 되는 것입니다. 영상 관리자의 역할은 단지 좋은 영상을 찾아서 아이들에게 보라고 링크를 보내는 정도에서 그치지 않습니다. 좋은 영상을 가지고 우리 교회학교 아이들에게 맞게 교육 자료화하는 역할을 해야 합니다.

예를 들어, 우리 교회 중고등부 아이들에게 4주 코스의 간증 집회를 하기 원한다면, 간증 주제를 정하고 유튜브에서 주제에 맞는 좋은 간증 영상을 찾는 것입니다. 이번 주 간증 주제가 "고난"이라면 고난을 잘 극복한 그리스도인이 간증하는 좋은 영상을 유튜브에서 찾습니다. 그리고 아이들과 함께 나눌 질문지를 다음과 같이 만듭니다.

1. 간증자의 삶 속에서 고난은 구체적으로 무엇이었습니까?
2. 간증자는 고난의 과정 가운데서 어떤 삶을 살았습니까?
3. 하나님은 간증자의 삶 속에 어떻게 구체적으로 역사하셨습니까?
4. 하나님이 우리의 삶 속에 고난을 허용하시는 뜻은 무엇입니까?
5. 나는 고난이 올 때 어떤 생각과 행동, 말을 할까요?
6. 간증을 보면서 깨닫고 배운 점, 삶 속에 적용할 점은 무엇입니까?

아이들과 함께 간증 영상을 보고, 소그룹으로 흩어져서 질문지를 바탕으로 서로의 의견을 나눈다면 우리 교회만의 간증 집회 프로그램이 될 것이고, 교육 자료가 됩니다. 본질을 잘 지키면서 시대 상황에 맞게 교육을 잘 감당하는 지혜로운 교사가 되기를 소망합니다.